Ulrike Voltmer

Wie frei ist der Mensch?

Ulrike Voltmer

Wie frei ist der Mensch?

Über Möglichkeiten
und Grenzen der Astrologie

 Verlag Urachhaus

ISBN 3-8251-7256-2

Erschienen 1999 im Verlag Urachhaus
© 1999 Verlag Freies Geistesleben & Urachhaus GmbH, Stuttgart
Umschlagzeichnung: Wolfgang Pelicci, Stuttgart
Druck: WB-Druck, Rieden

Inhalt

Vorbemerkungen

Die vorliegende Schrift stellt die schriftliche Ausarbeitung eines Vortrags dar, den ich am 27. 4. 1997 zur 7. Zusammenkunft der anthroposophisch astrologischen Arbeitsgruppe im Rudolf-Steiner-Haus Stuttgart gehalten habe. Diese Arbeitsgruppe hat sich am 1. April 1995 in Dornach gegründet und ging aus einer Initiative von Frau Dr. med. Temenuga Koepke-Staneva und Dr. med. Heinz Herbert Schöffler hervor, von dem ich gleich zur ersten Zusammenkunft um Mitarbeit gebeten wurde. Zwei Mal jährlich haben wir uns zu Tagungen getroffen; der Kreis ist immer größer geworden, heute wollen 200 Menschen regelmäßig darüber informiert werden. Später, im Sommer 1997, hat mir Dr. Schöffler dann die Leitung dieses Arbeitskreises übertragen.

Unsere Gruppe versteht sich als ein Forum zum Austausch und zur Diskussion von verschiedenen anthroposophischen Ansätzen, die geeignet sind, astrologische Lehren, Überlieferungen oder Erkenntnisse zu hinterfragen oder weiterzuentwickeln. Unser Anliegen ist es, nicht irgendeine neue ›Schulrichtung‹ zu kreieren, sondern offen zu sein gegenüber jedem einzelnen Bemühen um den Zusammenhang von Anthroposophie und Astrologie.

In meinem damaligen Vortrag ging es unter anderem darum, den Stellenwert der Astrologie innerhalb eines anthroposophisch orientierten Menschen- und Weltzuganges zu umreißen. Es wurde auch erörtert, inwieweit die Methodik der abendländisch klassischen bzw. revidiert klassischen Astrologie uns akzeptabel erscheint und wo der spezifisch astrologisch kosmische Zusammenhang des Menschen innerhalb der Steiner'schen Menschenkunde anzusiedeln ist. Mein Vortrag setzte bereits differenzierte astrologische und anthroposophische Kenntnisse voraus, weshalb ich hier in der schriftlichen Fassung zum besseren allgemeineren Verständnis weiter ausholen und verschiedene Details genauer ausgeführt habe.

Im gesamten ersten Teil gehe ich auf astrologische Beobachtungen und Überlegungen näher ein. Erst im zweiten Abschnitt versuche ich, unsere Gedanken über die astrologisch-kosmischen Zusammenhänge und die freien Willensentscheidungen des Menschen durch Ausführungen Rudolf Steiners zu untermauern, zu belegen und genauer anthroposophisch menschenkundlich zu erklären.

Auf die folgenden Vorträge Rudolf Steiners aus dem Jahr 1921 habe ich mich dabei besonders gestützt: »Anthroposophie als Kosmosophie« I und II. Hier fand ich den deutlichsten Hinweis darauf, wie ein planetarischer Tierkreis-geprägter Einfluss im Sinne einer Geburtskonstellation auf den Menschen vermittelt werden könnte, nämlich über dessen rhythmisches System, wobei das Geburtshoroskop als ätherisch karmische Anlage zu interpretieren ist. Zudem macht Rudolf Steiner hier deutlich, dass es sich um eine solare bzw. tropische Tierkreissphäre handelt, die nicht mit den Sternbildern am Himmel übereinstimmt oder gar mit den Fixstern-Lichtpunkten identifiziert werden darf, sondern als »Gebärden« zu verstehen sind. Dies kann als Argument für eine individuelle Astrologie zu verstehen sein, die den tropischen Tierkreis zur Grundlage hat, wie sie sich seit 2000 Jahren meiner Auffassung nach in unserer Kultur praktisch bewährt hat und weiter bewährt.

Zentral stellt sich bei all diesen Überlegungen die Frage nach dem freien Willen des Menschen. Auch zu diesem schwierigen Thema äußert sich Rudolf Steiner in dem genannten Werk sehr detailliert und zeigt ganz konkret Möglichkeiten auf, wie eine solche kosmische Loslösung aus den solaren (Tierkreis) und planetaren Wirkungen in unserer »sublunaren« Welt (wie Johannes Kepler unsere irdische Welt nannte) nachvollziehbar und denkbar ist.

In meinem Vortrag habe ich immer wieder auf einzelne Passagen in den genannten Vorträgen Bezug genommen. In dieser schriftlichen Ausarbeitung habe ich diese in Klammern vermerkt und zitiere des öfteren wörtlich. Die folgenden Ausgaben aus dem Gesamtwerk (GA) Rudolf Steiners wurden dazu vornehmlich herangezogen: GA 207 und GA 208: Anthroposophie als Kosmosophie I und II, 11 Vorträge, Dornach 23.9. – 16.10.1921 und 11 Vorträge, Dornach 21.10. –13.11. 1921, 1. Auflage 1972. Die Zitate sind mit der GA-Nummer, der Vortragsnummer und der Seitenzahl der genannten Ausgabe angegeben. Ergänzt wurde diese Zugangsweise durch weitere Vorträge Rudolf Steiners, die jeweils in Klammern vermerkt sind.

Vielleicht ist es Ihnen möglich, im Anschluss an unsere Überlegungen »Die Philosophie der Freiheit« von Rudolf Steiner (GA 4) zu lesen und so selbst zu überprüfen, ob Astrologie damit vereinbar ist oder dass Astrologie gerade im Sinne eines Weges zur Freiheit beitragen kann – sei es in ihrem Erkenntniswert wie auch als praktische Lebenshilfe.

Meine Intention ist nicht, eine adäquate Darstellung der genannten Werke oder Vorträge Rudolf Steiners zu geben oder sie gar zu interpretieren. Ich argumentiere hier von meinem Standpunkt als praktisch tätige Astrologin aus und berichte von eigenen Überlegungen und Gedanken im Anschluss an meine Erfahrungen mit vielen astrologischen Beratungen und Biografiebetrachtungen.

Die Frage um Möglichkeiten und Grenzen der Astrologie war und ist mir, seit ich Astrologie betreibe – das sind jetzt fast dreißig Jahre – ein zentrales Anliegen. Wie ist der zu beobachtende Zusammenhang denkbar? Und welche Elemente sind es, die unserer abendländischen Astrologie zu Grunde liegen?

Auch den Lesern und Leserinnen dieser Schrift möchte ich wie damals meinen Zuhörern und Zuhörerinnen in Stuttgart mit auf den Weg geben: Wer von Ihnen astrologische Aussagen nicht einfach unhinterfragt hinnehmen will, muss selbst den schweren Weg eigener Erfahrungen gehen – mit all den Gefahren persönlicher Irrwege. Sie werden sich manches Mal auf diesem Weg sehr allein fühlen – zwischen den oft »guten« Argumenten einer kritiklosen Befürwortung auf der einen Seite und einer schroffen Ablehnung der Astrologie auf der anderen. Wenn Sie wirklich wissen wollen, was es mit der Astrologie auf sich hat, dann bleibt Ihnen nichts anderes übrig, als selbst die Sache zu prüfen; Sie müssen dann genau so suchen, wie auch ich gesucht habe und weiter suche. Denn die astrologische Wahrheit ist nur erfahrbar, da sie eine sehr subjektive Ebene im Menschen betrifft. Es gibt keine Statistiken oder wissenschaftlichen Untersuchungen, die die Astrologie eindeutig belegen – schon gar nicht in der Komplexität ihrer Lehre. Doch es wartet ein Lohn auf Sie, wenn sie den Weg gehen – davon bin ich überzeugt. Es wartet auf Sie die eigene Erfahrung, das Nachvollziehen im Einzelnen, wo und wie wir kosmisch eingebunden sind. Die kosmische Wirklichkeit anthroposophischer Behauptungen wird Ihnen mehr und mehr klar; es sind Evidenzerlebnisse, die die Mühe des Suchens vergolden, persönliche subjektive Gewissheiten.

Einleitung

Allein die Kombination zwischen Freiheit und Astrologie erscheint vielen als eine Provokation. Wie kann ein Mensch in seinem Wollen und Handeln frei sein oder werden, wenn er sich durch kosmische Gegebenheiten bei seiner Geburt als determiniert vorfindet, was angeblich die Astrologie behauptet. Hier soll der Frage nachgegangen werden, was sich in der Geburtskonstellation eines Menschen, seiner Radix (lat. *radix* = Wurzel), spiegelt und somit vorbestimmt erscheint.

Zeichen, Symbole, teilweise abstrakte Gestaltprinzipien kennzeichnen die astrologische Lehre, jene werden auf das konkrete menschliche Leben bezogen, auf individuelle Veranlagungen und Bedürfnisse. Allein aus Gründen der Allgemeinheit und Vieldeutigkeit einer Konstellation verbietet es sich, aus dieser konkrete Lebensverhältnisse oder Handlungsweisen ablesen zu wollen.

Beobachtungen und Überlegungen zum menschlichen Leben in seinen kulturellen wie sozialen Zusammenhängen stehen am Beginn meiner Überlegungen. Dabei behalte ich unsere Fragestellung im Auge: Was ist davon astrologischer oder kosmischer Art und was nicht? Worüber können wir astrologisch Aussagen machen und worüber nicht? Und: Wenn es eine – wie auch immer geartete – kosmische Prägung in der Geburtsminute gibt, was die Astrologie behauptet, wie kann dann der Mensch frei in seinen Entscheidungen und Handlungen sein, was kann in diesem Zusammenhang freier Wille bedeuten? Inwiefern kann ein Mensch überhaupt etwas wollen und dennoch frei gewesen sein in seiner Entscheidung für dieses sein Wollen?

Immer wieder aufs Neue kann hinterfragt werden, warum ein Mensch etwas will und dass in ihm sogar ein Wollen vorhanden ist, überhaupt etwas zu wollen, zu erstreben oder zu wünschen. Doch wer den freien Willen des Menschen postuliert, der bejaht damit im Grunde, dass der Mensch wollen soll. Selbst wenn jemand Bedürfnislosigkeit oder Willenlosigkeit für ein Gut ansähe, also die völlige Ergebung unter einen höheren Willen, selbst dort müsste diese Haltung von demjenigen selbst gewollt werden. Wer sich zur Freiheit des Wollens bekennt, der sagt zuerst einmal aus, dass der Mensch etwas wollen soll und darf; er bejaht damit das legitime Vorhandensein menschlicher Motivationen, Bedürfnisse, Antriebe, Interessen, Wünsche, unserer inneren Impulse.

Unsere Lebensbejahung beinhaltet bereits das Wirksamwerdenlassen eigener vitaler Bedürfnisse. Dass wir diese hinterfragen, dass wir sie kennen lernen und kontrollieren wollen, das ist ein Wille besonderer Art, der Selbstreflexivität voraussetzt, ein typisch menschliches Vermögen. Um ein Wollen zweiter Stufe handelt es sich dabei eigentlich, um eine Art »Meta-Willen«, der zur Selbsterkenntnis drängt, zum Ergründen, von welchen unbewussten Willensimpulsen, den Bedürfnissen und Trieben, wir eigentlich gesteuert werden.

Nun gilt es zu fragen, welche von diesen frei zu nennen sind. Was macht Freiheit an ihnen aus und wo sind wir in ihnen gefangen? Wie verträgt sich damit die Astrologie? Behauptet sie nicht gerade, wir seien in unserer Veranlagung, somit auch in unserer Reaktion und unseren Willensimpulsen festgelegt?

Auf irgendeine Weise muss jeder Mensch reagieren; vitale Bedürfnisse garantieren unsere Lebensfähigkeit, Motivationen steuern schon im frühesten Kindesalter unsere Lernbereitschaft. Dieses Lebensimpulsierende in seiner individuellen Ausprägung gilt es mit Hilfe der Astrologie zu erkennen. Sie wird damit ein Mittel zur Selbsterkenntnis; unsere Konstellationen können uns zum Nachdenken und In-uns-Hineinhören anregen. Wir werden uns kennen und akzeptieren lernen; wir können so die Bandbreite unserer Lebensimpulse ergründen und Spielräume und Wirkungsmöglichkeiten für sie finden; auf diese Weise erlösen wir sie und damit auch uns selbst aus der Dumpfheit unseres Treibens. Freier Wille heißt auch Selbstfindung, Erkenntnis der eigenen Impulse und Entdeckung des dahinterstehenden Lebensanliegens.

Wollen wir Astrologie mit so hohen Ansprüchen betreiben, dann dürfen wir nicht leichtfertig mit ihr umgehen, dann müssen wir wissen, wozu sie etwas aussagen kann, müssen erkennen, in welcher Art ihre Symbolsprache für Selbsterkenntnisprozesse tauglich ist, müssen um ihre Möglichkeiten und Grenzen wissen – auch um ihre Indifferenz ethischen Fragen gegenüber. Letzteres wird vielleicht überraschen, doch bei näherem Hinsehen wird deutlich, dass keine Konstellation als solche ethische Wertungen enthalten kann. Im menschlichen Wesen haben wir zwischen den Gefühlen des Erlebens auf der einen Seite und den Gefühlen einer ethischen Bewertung auf der anderen Seite zu unterscheiden. Nur wenn wir hier genauer hinterfragen, gelingt es uns, astrologische Konstellationen auf die richtigen menschlichen Dimensionen zu beziehen.

Der Mensch selbst ist unser Ausgangspunkt, wollen wir auf ihn astrologische Faktoren beziehen. Vom Menschen sollten wir zunächst etwas lernen, in uns selbst müssen wir verschiedene Dimensionen auseinander halten und verstehen lernen. Wollen wir eine individuelle Astrologie betreiben, dann heißt das im ersten Schritt, Menschenkunde zu betreiben und das menschlichen Vermögen, seine Strebungen und Leistungsfähigkeiten zu ergründen.

Unbestimmt und abstrakt sind die astrologischen Faktoren, solange wir sie nicht auf einen Organismus beziehen. Der Organismus Mensch ist sicherlich nicht der einfachste, in Bezug auf den die astrologischen Symbole deutbar sind. Während ich das ausspreche, spüren Sie wahrscheinlich, dass es keine Astrologie ohne irgendein – wenn auch nur unausgesprochenes – Menschenbild geben kann. Nur was uns der Mensch darbietet, das können wir mit der Astrologie in Zusammenhang bringen, nur zu dem, was wir prinzipiell am und im Menschen erkennen, können wir nach astrologischen Entsprechungen suchen; nur diejenigen kosmischen Facetten können von uns gedeutet werden, zu denen wir im menschlichen Leben Analogien finden. Und dazu notwendig ist Menschenkunde, die ihrerseits immer ein bestimmtes Menschenbild impliziert.

Die abendländische klassische bzw. revidierte Astrologie ist eng verknüpft mit dem griechisch-römischen Mythos seiner Helden und Heldinnen, Planetengötter und Planetengöttinnen. Dieser Mythos, seine Bilder und die in ihm geschilderten Erlebnisweisen, seine Werte und Normen, ist tief in den Vorstellungen unserer Kultur und unserer kollektiven abendländischen Seele verankert. Die Art Astrologie, die eine Kultur betreibt, ist somit immer auch ein Spiegelbild für die Menschenkunde, Psychologie oder das Menschenbild, das diese Kultur verkörpert. Jeder neu geborene Mensch wird in eine Kultur hineinsozialisiert, er wird damit Teil einer Kollektivsseele, er trägt ein Stück Mythos in sich, ohne den er kein Mensch wäre, keine Sprache hätte, in der uralte Weisheit und Menschenwissen verborgen sind.

Durch die Symbole der Astrologie wird unsere Kulturverbundenheit individuell ausdrückbar. Im Bild des Himmels während der Geburt eines Kindes leuchtet uns entgegen, wofür wir in unserer Kultur empfänglich sind, wofür wir Antennen haben. Des Menschen individuelle tiefenpsychologische kulturabhängige Veranlagung wird durch die Astrologie verstehbar, weil die astrologische Symbolik selbst den Mythos der eigenen Kultur enthält.

Durch anthroposophische Überlegungen könnte unsere überlieferte Astrologie weiterentwickelt werden, das ist meine tiefe Überzeugung – gerade das anthroposophische Menschenbild Rudolf Steiners eignet sich durch seine kosmische Fundierung hervorragend dazu. Im Übrigen hat sich die Anthroposophie nicht zufällig aus unserer abendländischen Kultur heraus entwickelt, letztere war dafür prädestiniert. Wenn unsere westliche Astrologie das Mysterium unserer Kultur enthält – was ich glaube –, dann verwundert es nicht, dass sich Anthroposophie und Astrologie, die ja selbst eine anthropologisch psychologische

Lehre darstellt, hervorragend vertragen, ja geradezu gegenseitig stützen – ähneln sich die beiden Gebiete doch im Hinblick auf ihre kosmische esoterische Verankerung. Durch keine andere Erfahrungswissenschaft wird der kosmische Bezug des Menschen, den Rudolf Steiner immer wieder betont, so evident erfahrbar wie durch die Beschäftigung mit der individuellen Astrologie.

Die Astrologie für sich genommen, so wie sie sich in der Praxis darstellt, wird heutzutage auf der Grundlage sehr verschiedener Weltanschauungen betrieben. Wenn man vom Standpunkt eines »materialistischen« Menschen ausgeht – was heute nicht unüblich ist –, dann drängt sich einem die Frage nach dem Problem einer Informationsübertragung kosmischer archetypischer Qualitäten sehr bald auf, welche bis in den Organismus des Menschen und seine Psyche hinein reichen. Allein diese Frage sprengt einen zu engen Materialismus, hat man es in der Astrologie doch mit erd- und menschenspezifischen Qualitäten zu tun und nicht einfach mit mehr oder weniger starken kosmischen Strahlungen – man gelangt sehr bald an die Grenze eines materialistischen Weltbildes, dem übrigens auch ich in meiner Jugend anhing. An dieser Grenze werden anthroposophische Gedankengänge für viele Menschen denkmöglich und plausibel. Vom Standpunkt spirituell eingestellter Menschen sehen sich die Wirkungen der Astrologie vielleicht ohnehin als irdische Manifestationen geistiger Wesenheiten oder Energien an. Die Astrologie an sich zwingt nicht zu einer bestimmten Weltanschauung.

Eines will ich damit verdeutlichen: Die Lehre der Anthroposophie vermittelt ein bestimmtes Menschen- und Weltbild oder vermittelt eine Methode des Hinterfragens, die von vornherein die ständige Erweiterung, Evolution oder Entwicklung von Erkenntniskräften mit einschließt. Dieses Menschenbild kommt einer zukunftsorientierten Astrologie entgegen; schon heute machen wir als praktisch tätige Astrologen und Astrologinnen die Erfahrung, dass einzelne Menschen über Bewusstseinsprozesse zu erstaunlichen Transformationen der Planetenenergien in sich selbst fähig sind. Astrologie kann dagegen anthroposophisch orientierte Menschen in ihrem Bemühen unterstützen, den Zusammenhang Mensch-Kosmos wirklich zu erfahren. Evidenzerlebnisse können uns Nahrung sein bei unserer Suche nach immer wieder neu zu erringenden persönlichen Gewissheiten über die tiefe Einbettung des Menschen in kosmische Rhythmen und Prozesse. Letzten Endes sind solche inneren Gewissheiten und Überzeugungen Quelle innerer Stärke, Fundament eines freien Willens. Sie machen Mut, in der eigenen Seele und dem persönlichen Leben nach überpersönlicher Sinnhaftigkeit zu suchen.

Überlegungen zu Möglichkeiten und Grenzen der Astrologie

Im ersten Teil meiner Ausführungen gehe ich den aufgeworfenen Fragen aus meinem Selbstverständnis als Astrologin nach; ich behandle sie aus den eigenen Erfahrungen und Beobachtungen im Zusammenhang mit unserer astrologischen Arbeit. Was erkennen wir in einer Geburtskonstellation und wozu können keine Angaben gemacht werden? Wovon wird der Mensch geprägt und was ist davon kosmisch-astrologischer Art? Im Werk Rudolf Steiners bin ich auf Ausführungen gestoßen, die für mich bestimmte Erklärungsmöglichkeiten im Bereich der Astrologie nahe legen – doch darauf werde ich erst im zweiten Teil eingehen. Zunächst beginne ich mit der Frage, was überhaupt in einem Geburtshoroskop erkennbar ist oder vielmehr, was von vornherein nicht aus der sogenannten Radix eines Menschen herausgedeutet werden kann.

Kann das Horoskop dazu etwas sagen?

Wir wissen von Mehrlingsgeburten, Drillingen oder Vierlingen, die durch Kaiserschnitt zur Welt kommen und somit fast gleiche Geburtszeiten und damit gleiche Horoskope aufweisen. Die Persönlichkeiten, die hinter solchen Geburten stehen, sind häufig sehr verschieden voneinander. Die kosmische Situation, in der Mehrlingsgeburten auftreten, sind jedoch meist gekennzeichnet von bemerkenswerten Konstellationen wie – um es mittels der astrologischen Terminologie auszudrücken – vielen exakten *Aspekten* auf die *Eckfeldspitzen*, sodass innerhalb kürzester Zeiten Verschiebungen von *Dominanzen* stattfinden können (Kurzerklärungen zu den verwendeten Begriffen befinden sich im Glossarium am Ende des Buchs). Doch der Frage nach dem kollektiven Zusammenhang solcher Geburten werde ich an dieser Stelle nicht nachgehen, ich gehe hier von der individuellen Persönlichkeit aus. Und diese ist bei jeder Vierlingsgeburt durchaus verschieden, zumal wenn sie mehreiig ist, also genetisch unterschiedlich. In Abb. 1 ist das Horoskop einer solchen Vierlingsgeburt abgebildet; es handelt sich dabei um eine spontane Vierlingsschwangerschaft, nachdem die Mutter vorher zwei Fehlgeburten hatte – vielleicht ist dadurch der Hormonhaushalt durcheinander gekommen, wird vermutet; es sind viereiige Kinder.

Die Kinder sind durch Kaiserschnitt innerhalb weniger Minuten zur Welt gekommen; in der Zeitung ist von »innerhalb einer Minute« die Rede, der Vater meinte in einem Gespräch »im Minutentakt« oder innerhalb von weniger als 10 Minuten. Das erstgeborene Kind ist ein Junge mit Namen René, dann folgen drei Mädchen: Liane, Julia und Esther (Abb. 2). Letztere galt als stiller, gewissenhaft und ernst, wie aus dem beigefügten Zeitungsabschnitt hervorgeht. Heute – so hat man mir mitgeteilt – sei sie durchaus lebhaft; sie habe als erstes Kind sitzen, stehen und gehen können, habe über die schnellere Auffassungsgabe verfügt. Wie ihre beiden Schwestern hat sie den Realschulabschluss gemacht und befindet sich Ende 1998 im dritten Lehrjahr zur Hotelfachfrau. Liane, die zweite, ist zu dieser Zeit im ersten Lehrjahr in ihrer Ausbildung zur Kinderkrankenschwester, Julia lernt im zweiten Lehrjahr Arzthelferin. Alle haben sich um ihren Ausbildungsplatz bemühen müssen; René besucht das Wirtschaftsgymnasium und will im Jahr 2000 das Abitur haben. Er ist mit 1,85 m recht groß geworden, die Schwestern haben eine Größe von ca. 1,68 m. Tischtennis hat er gerne gespielt, was auch für Esther gilt, die in Oberstdorf, wo sie in der Zeit ihrer Ausbildung zur Hotelfachfrau lebt, auch Ski fahren kann. Liane tanzt gerne, hat auch einen Tanzkurs absolviert, Julia tanzt auch, aber lieber in der Disko. Die Kinder gelten als völlig verschiedene

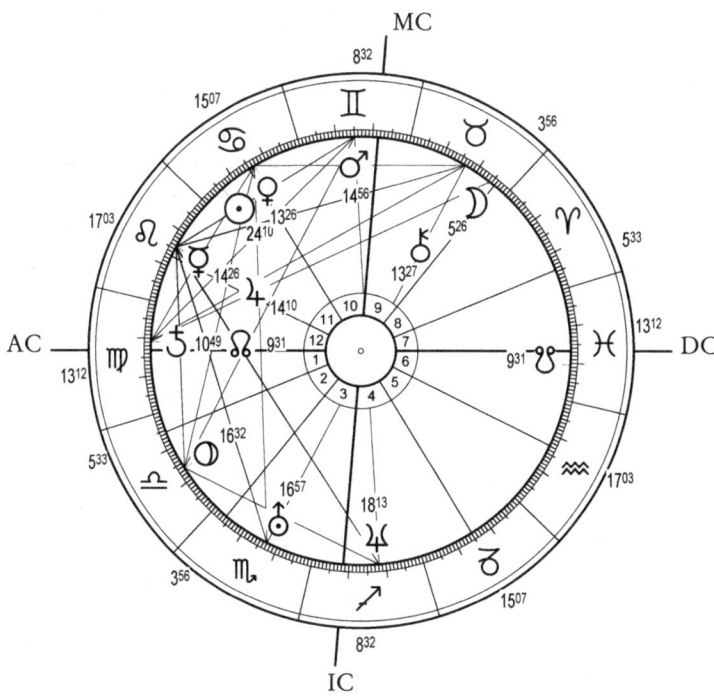

Abb. 1: Geburtshoroskop der Vierlinge Paardekooper, am 17.07.79 zwischen ca. 9h21m und 9h29m in Saarbrücken durch Kaiserschnitt zur Welt gekommen. Das MC befindet sich zwischen 8°32` und 10°25`, der Aszendent zwischen 13°10´ und 14°37´

Persönlichkeiten, jedes hat seinen eigenen Freundeskreis. Sie haben auf der Realschule auch von Anfang an verschiedene Klassen besucht, denn in der Grundschule hat man sie nicht als einzelne Persönlichkeiten behandelt, man redete sie immer als Vierlinge an. Sehr wichtig sei, so meinen die Eltern, dass sich jedes Kind individuell zu einer eigenen Persönlichkeit entwickeln kann.

Für die astrologisch Versierten unter den Lesern habe ich eine typisch astrologische Horoskop-Beschreibung beigefügt, die gleichzeitig auch den ersten Schritt meiner astrologischen Arbeitsweise offenbart. Bei der Deutung einer Konstellation versuche ich zunächst, die Besonderheit der Struktur zu erfassen, dann trete ich erst in eine textliche Interpretation ein. Ganz unberücksichtigt lasse ich hier die Frage nach dem tieferen Anliegen der einzelnen Persönlichkeiten oder der Sinnhaftigkeit ihres Lebens, was man ohnehin nur gemeinsam mit dem betreffenden Menschen erörtern kann. Hier geht es mir erst einmal um eine einfache Persönlichkeitsbeschreibung.

Strukturelle Beschreibung der Radix

Dominant werden Planeten durch ihre Nähe zu *Meridian* und *Horizont* sowie durch Aspekte auf diese beiden Achsen. *Elevation, Eckfeldstellung, Geburtsgebieter, Spannungsherrscher, Domizil* oder *Rezeption* sind weitere Kriterien der Dominanz.

Hier steht Mars eleviert am Medium Coeli im Quadrat zum Aszendenten, das mit fortschreitender Zeit (nach 1–2 Minuten) noch exakter wird, Mars ist dominant. Dazu befindet sich Saturn, der auf dem Mondknoten vor dem Aszendenten steht, im Quadrat. Das Saturn-Quadrat ist damit ebenfalls dominant. Zwischen Saturn/Mondknoten und der Meridianachse steht die Sonne, die damit durch Halbquadrate mit den genannten Faktoren verbunden ist. Die Sonne, die sonst wenig Aspekte aufweist, gewinnt damit an Wichtigkeit. Interessant ist, dass Venus mit ihrem Trigon/Sextil auf die Horizontachse ebenfalls Dominanz besitzt, sie steht im Krebs und damit in Rezeption zum Mond, der sich seinerseits im Venuszeichen Stier aufhält, auch sehr hoch steht und Spannungsherrscher ist (steht am weitesten von allen anderen Planeten weg und allein in einem Quadranten). In der Halbsumme von Venus und Mond steht MC. Auch Neptun steht allein im II.Quadranten im Eckhaus 4 und ist recht stark gestellt (schwaches Quadrat auf den Horizont). Der Geburtsgebieter und Herr des MC, Merkur, weist in seiner Jupiter-Konjunktion viele Aspekte auf und hat durchaus über sein Sextil Mars noch schwache MC-Verbindung; durch Sextil Pluto, Quadrat Uranus, Trigon Neptun ist er mit allen Transsaturniern verbunden. Die Elementen-Besetzung ist recht ausgeglichen, vielleicht mit einer Unterbetonung der Luft, doch stehen der dominante Mars und MC in den

Zwillingen (Pluto in der Waage ist als Generationstellung weniger individuell bedeutsam).

Damit sind sehr gegensätzliche Strukturen dominant, wodurch sich die dahinterstehende Seele oder Persönlichkeit einzelne Muster mehr oder weniger aussuchen kann. Vermuten könnte man, dass sich der Mars bei der männlichen Geburt etwas stärker ausprägt als bei den Mädchen, allerdings wird das Mars-Quadrat Aszendent mit vorrückender Zeit stärker. Die konziliante starke Venus (in 11 sehr kontaktfreudig) mag bei den mittleren Mädchen dominant zum Tragen kommen. Dass das letztgeborene Mädchen Esther als besonders gewissenhaft, ernst und verlässlich geschildert wird, mag dem Saturn am Aszendenten entsprechen, dessen Quadrat zum MC und damit Bedeutsamkeit bei vorrückender Geburtszeit immer stärker wird.

In einer ausführlichen astrologischen Deutung bezieht man dann auch alle weiteren Feinheiten mit in die Deutung ein wie Halbsummen und Kleinaspekte, vor allem (Andert-)Halbquadrate, Quintile und Biquintile, wie etwa das Biquintil der Sonne zum Neptun. Interessante Halbsummen bilden sich gegen 9h29m zum Aszendenten: Er steht dann zwischen Merkur/Jupiter und Pluto sowie zwischen Venus/Uranus. Außerdem steht zu dieser Zeit Merkur/Jupiter zwischen Pluto und MC.

Exakte Kontakte zu Fixsternen können ebenfalls in die Deutung mit einfließen. In diesem Horoskop steht beispielsweise die Meridian-Achse ganz nah bei den Fixsternen Aldebaran (ca. 9°30′ Zwillinge) und Antares (9°30′) im tropischen Tierkreis, die als gegensätzliche Kräfte wirken sollen. Die Überlieferung spricht von Macht (Aldebaran) und schwierigem Kampf (Antares) (vgl. Voltmer, Lebendige Astrologie, S. 347), was als eine sinnvolle Entsprechung zu der Geburt von Vierlingen angesehen werden kann.

Es scheinen sich in diesem Fall Charakterzüge, die alle in dieser Konstellation enthalten sind, mehr oder weniger auf die Kinder aufzuspalten. Astro-psychologisch könnte man davon sprechen, dass vielleicht einzelne Wesenszüge in der Projektion gelebt werden könnten. So wäre es nicht ausgeschlossen, dass die Geschwister René, Liane und Julia den eigenen Saturn durch ihre ruhigere, ernstere und gewissenhaftere Schwester Esther erlebt und erfahren haben.

Würde es sich um eine einzige Person handeln, die mit dem abgebildete Kosmogramm oder Geburtshoroskop zur Welt gekommen wäre, dann würde man etwa folgendermaßen deuten:

Die aktionsfreudige und zu schnellem Handeln geneigte Durchsetzungskraft wird durch eine gewisse nach innen gerichtete Verarbeitungsweise der Eindrücke gebremst. Es ist ein Konflikt vorhanden zwischen Vorsichtigkeit, manchmal auch Ängsten und der hervorbrechenden Entscheidungsfreude. Daraus können zuweilen Verkrampfungen und Blockaden entstehen. Man möchte etwas tun, fühlt sich aber doch innerlich zurückgehalten. Nötig ist, um diesen Konflikt aufzulösen, Dinge sehr gründlich und tiefgründig zu bearbeiten, manches zunächst im stillen Kämmerlein, fern der Augen der anderen vorzubereiten. Andernfalls bleibt das Gefühl zurück, zu oberflächlich gehandelt zu haben. Die Folge wären Unzufriedenheit und innere Bedrückung. Trotz aller nach außen gerichteter Erfolgsorientierung gibt es doch eine schwere Seite im Erleben. Man will sich der Realität und auch der leidenden Seite des Lebens stellen. Das Gefühl ist da, irgendwie am Rand zu stehen (Saturn in 12) und sich selbst auch denen widmen zu müssen, denen es nicht gut geht. Auch die durchaus vorhandene Expansionsfreude und Unternehmungslust (Jupiter, Merkur im Löwen vor der Spitze 12) scheinen irgendwie aus dem Hintergrund heraus zu agieren; die Person kann sich nicht ganz in den Vordergrund stellen, obwohl doch die Durchsetzungsfreude vorhanden ist. Es werden Tätigkeiten bevorzugt, die man in einem bestimmten Rahmen erledigen kann. Mars verleiht Interesse am Praktischen. Eine innere Unruhe (Quadrat Uranus) kennzeichnet das Schaffen im Alltag (Haus 3) und den eigenen Entwicklungsweg. Wenn es diese Persönlichkeit schafft, sich zu vertiefen (Saturn), dann ist eine enorme Kreativität vorhanden. Organisationstalent und gute menschliche Verständigung ermöglichen es, sich in Kollegenverbänden durchzusetzen.

Im partnerschaftlichen privaten Kontakt zeigt sich sehr viel Bedürfnis nach romantischer gefühlsbetonter Nähe (Neptun), was allerdings keine persönliche Enge bedeuten soll. Schwer fällt es, dies zu verwirklichen, da ein Distanzbedürfnis bis in die Sexualität hinein (Steinbock Herr 5) vorhanden ist. Überwunden wird dies nur, wenn es gelingt, eine tiefe spirituelle Beziehung zu einem Partner aufzubauen (Saturn Konjunktion Mondknoten in 12 als Herr von 5; Neptun, Herr 7 in 4), in der man nicht in erster Linie emotional aufeinander bezogen ist, sondern sich einem besonderen Interesse widmet, durch eine bestimmte Weltsicht miteinander verbunden ist.

Am Beispiel einiger zentraler Themen sollte gezeigt werden, wie in jeder Konstellation immer auch verschiedene Möglichkeiten enthalten sind. Es ist denkbar, dass die einzelnen Persönlichkeiten die verschiedenen Konstellationen unterschiedlich leben – und dies schon als Kinder. Dies ist auch aus dem beigefügten Artikel zu ersehen, der am 1.12.1988 in der »Saarbrücker Zeitung« erschienen ist, als die Kinder 9 Jahre alt waren. Man kann vermuten, dass Esther vielleicht den schwierigsten, aber auch erfolgreichsten (?) Berufsweg geht. Sie müsste Sprachen lernen, meinte der Vater in einem Gespräch mit mir, was ihr schwer fällt, müsste auch ins Ausland gehen, dann hätte sie Aufstiegschancen, könnte weitere Ausbildungen anschließen. Sie muss zum Erfolg Hindernisse überwinden und sich bemühen. Der Saturn wird hier mehr nach außen gelebt. Die beiden Schwestern, die medizinische Berufswege gehen, leben den Saturn anders: sie nehmen sich Krankheitsfällen an.

Mit diesem Beispiel will ich auf einige wichtige Punkte hinweisen, die die Aussagegrenzen von Astrologie direkt betreffen: Das Geschlecht, das genetische Erbmaterial oder das, was die eigentliche Persönlichkeit ausmacht, wie ihre Bewusstseinshöhe oder ihre Handlungsprinzipien, stehen nicht im Horoskop.

Ja, die Konstellation scheint sogar auch eine gewisse reaktive oder charakterologische Wahlmöglichkeit offen zu halten. Solche Fälle warnen uns auch davor, aus einem Kosmogramm allzu leichtfertig Rückschlüsse auf die »spirituelle Persönlichkeit« – so will ich sie an dieser Stelle einmal nennen – zu ziehen.

Artikel in der Saarbrücker Zeitung vom 1.12.1988
über die Vierlinge Paardekooper, als diese 9 Jahre alt waren.

»WIR HABEN VÖLLIG VERSCHIEDENE KINDER«

Was aus den 1979 im Saarland geborenen Vierlingen geworden ist: ein
Besuch bei Familie Paardekooper

Mit einem stillen Lächeln blickt Erika Paardekooper (35) auf ein Foto. Sie hält vier Babys im Arm. Eines sieht wie das andere aus. »Damals musste ich das Quartett besonders kennzeichnen«, entsinnt sich die Mutter im schwäbischen Süßen: »Das Baby mit der blauweiß-gestreiften Strampelhose ist René gewesen, Julia trug grüne Babysachen, das Mädchen mit den gelben war Liane. Esther erkannte ich an der rotweißen Kleidung. Heute hält man es gar nicht für möglich, dass es sich überhaupt um Vierlinge handelt, so verschieden sind die Kinder nach Aussehen, Wesen und Neigungen«.

Als damals nach der Ultraschalluntersuchung feststand, dass Vierlinge unterwegs waren, trug es der Vater, Rien Paardekooper, ein gebürtiger Holländer, mit Fassung. Für seine Frau Erika, eine gebürtige Schwäbin, war es eher ein Schock: Die Schwangerschaft war beschwerlich. Sie musste viel liegen. Zur Vorsorge verschlossen die Ärzte ein paar Monate vor dem errechneten Geburtstermin den Muttermund und verhehlten nicht, dass bei einer Frühgeburt das Leben der Mutter in Gefahr sei. »Als sich bereits im Juli Wehen einstellten und meine Frau wochenlang am Tropf lag, wuchs unsere Unruhe«, entsinnt sich der Familienvater.

Am 17. Juli 1979 entschloss sich Professor Anton Würtele, einen Kaiserschnitt durchzuführen. Der Vater hatte drei Tage Urlaub genommen und wartete in der Nähe des Operationssaals. Die Schwester versorgte ihn mit Kaffee und Cognac. Punkt 9.20 Uhr an jenem Dienstagmorgen erblickte zuerst der Junge, der oben quer lag, das Licht der Welt! Er wog 1570 Gramm. Dann folgten innerhalb einer Minute die drei Mädchen. Liane war am winzigsten mit 1030 Gramm, Julia wog 1270 Gramm, als letzte kam Esther mit 1560 Gramm. Alle vier begannen sofort zu schreien und brauchten nicht, wie vorgesehen, künstlich beatmet werden! Die zwölf Ärzte und drei Hebammen strahlten: Es war seit über zwanzig Jahren die erste Vierlingsgeburt im Saarland.

Die Mutter war noch nicht ganz aus der Narkose aufgewacht, da trafen bereits die ersten Glückwünsche in der Saarbrücker Winterberg-Klinik ein. Auch der damalige Ministerpräsident Werner Zeyer gratulierte. Nach einer Woche sah die junge Frau zum ersten Mal Ihre Kinder. Ihr Mann

24

Abb. 2
oben: Die Vierlinge Paardekooper mit Ihren Eltern, einige Monate nach
ihrer Geburt.
unten: Esther, Julia, Liane und René im Alter von 19 Jahren.

fuhr sie im Rollstuhl zur Babystation. »Als ich die vier Geschöpfe so hilflos im Brutkasten liegen sah, abhängig von dünnen Plastikschläuchen, die überall in den kleinen Körper steckten, da dachte ich, hoffentlich kommen sie durch!« erzählte Erika Paardekooper. »Aber meine Angst war unbegründet. Die Kleinen gediehen prächtig!«

Und heute – neun Jahre später? »Wir haben in all den Jahren viel Freude mit unserem Quartett erlebt, trotz vieler Sorgen und der Arbeit«, sagen die glücklichen Eltern. »Keinen Augenblick möchten wir missen. Die erste Zeit war sehr schwer. Wir mussten eine größere Wohnung suchen, was für eine vielköpfige Familie fast unmöglich ist. Es blieb nichts anderes übrig, als Schulden zu machen und selbst zu bauen ... Alle vier hängen mir wie die Kletten am Rockzipfel«, sagt Erika Paardekooper, »und sie halten mich ganz schön in Trab. René, der Erstgeborene, ist als der einzige Junge vielleicht etwas verhätschelt worden. Er spielt sich als Boss auf. Anderseitig fühlt er sich auch als Beschützer und passt auf seine Schwestern auf. Liane ist die Lustigste, immer zu einem Späßchen aufgelegt. Auch unsere Julia ist ein recht fröhliches Menschenkind. Sie nimmt ein Missgeschick nicht so tragisch. Ganz anders Esther, die still, ernst und verlässlich ist. Als einzige ist sie dunkelhaarig. Sie kam als letzte zur Welt, aber überholte in der Entwicklung ihre Geschwister im Eilzugtempo. Sie konnte als erste allein essen und fing schon an zu laufen, als die anderen noch herumkrabbelten«. Kleidereinkauf wird für die Eltern meist eine knifflige Sache. Zwar haben alle die gleiche Größe, sind 1.30 Meter groß und wiegen 22 Kilo, aber vor allem die Mädchen haben ihre eigenen Vorstellungen, was Schnitt und Farbe anbelangt.

In einem Punkt sind die Vierlinge gleich: Sie halten wie Pech und Schwefel zusammen und helfen sich auch bei den Schulaufgaben. René ist der beste in Mathematik, Lieblingsfach der Mädchen ist Deutsch. Gemeinsam liegen sie mit Kinderkrankheiten im Bett, das letzte Mal mit Windpocken, und meist spielen sie auch einträchtig zusammen. René reißt nur aus und geht Fußball spielen, wenn seine Schwestern die Barbiepuppen hervorkramen.

Überhaupt nicht möglich kann es sein, allein aus dem Horoskop auf eine spezifische individuelle Reinkarnation vor diesem Leben zu schließen. Jegliche Aussagen bestimmter Spezifität über einen Menschen sind allein aus einer Radix nicht zu erschließen – vielleicht mag es manchen (initiierten) Menschen unter Hinzuziehung der betreffenden Persönlichkeit möglich sein, weitergehende Aussagen zu machen. Ich rate dazu, sich zu einengender Deutungen auf Grund eines Horoskops zu enthalten und gänzlich von moralischen Urteilen über einen Menschen abzusehen.

Aussagestärker wird die Astrologie, wenn man über die dahinterstehenden Persönlichkeiten Vorwissen besitzt oder wenn man gemeinsam mit der betreffenden Person die Konstellationen durchgehen kann. Zudem liegt eine Stärke der Astrologie in den rhythmischen und damit zeitlichen Entwicklungstendenzen. Ich schlage vor, die Radix in ihrem zeitlichen Muster zu deuten (vgl. mein Buch »Rhythmische Astrologie«, 1998).

Hinzu kommt eine weitere Aussagegrenze, die das konkrete Geburtsmilieu betrifft. Betrachten Sie ganz allgemein einmal Familien mit mehreren Kindern. Dabei werden Sie feststellen, dass von diesen jedes die Mutter, den Vater und das Familienschicksal verschieden erlebt. Keinesfalls schildern Geschwister ihre Eltern immer übereinstimmend oder empfinden ihre Erziehung gleichartig. Sie fühlen sich teilweise völlig unterschiedlich behandelt, selbst wenn die Eltern berichten, sie seien um Gerechtigkeit bemüht.

Astrologisch gesehen erkennt man meiner Beobachtung nach, in welchem Verhältnis ein Mensch individuell zu seinem Geburtsmilieu steht, nicht aber, wie dieses konkret aussieht. Wie die Eltern subjektiv erlebt werden, das wird sichtbar, nicht aber, ob dieses Erleben objektiv dem Charakter der Eltern gerecht wird. Was ein Kind prinzipiell als Ich-gemäß von seinen Eltern übernimmt, wo es in Konfrontation geht, was ihm fremd erscheint, das mag mit seiner Geburtskonstellation zu tun haben, nicht aber die konkreten Geburtsverhältnisse. Vielleicht fühlt sich der eine Mensch mehr der Tradition des Geburtsmilieus verpflichtet (z.B. Saturn-Einfluss am *Imum Coeli*), ein anderer will jedoch eher neue Wege einschlagen und definiert sich in Abgrenzung zum angestammten Milieu (Uranus am IC).

Nicht zu erkennen ist jedoch, wodurch solch ein Verpflichtungs- oder Abgrenzungsbedürfnis entsteht – ob etwa ein Familienbetrieb vorhanden ist, der übernommen werden soll oder ob es eher traditionelle familiäre Wertvorstellungen sind, durch der sich der eine eher gebunden (gemäß der saturnischen Färbung) oder – im Gegenteil – provoziert (uranische Veranlagung) fühlt. Es gibt für eine Konstellation unendlich viele Möglichkeiten an konkreten Lebensumständen.

Aus der Erfahrung mit sogenannten kosmischen Zwillingen wissen wir, dass konkrete Familien- oder Milieuverhältnisse nicht aus einem Horoskop herauszudeuten sind. Kosmische Zwillinge sind zwei Menschen mit annähernd gleichen Horoskopen, aber verschiedenen Eltern. Heute, im Zeitalter großer Datenbanken, lassen sich unschwer sogenannte Prominente finden, deren Horoskope mit dem eigenen große Ähnlichkeit aufweisen. So kenne ich das Horoskop eines alternativ eingestellten Arztes, das fast gleich dem von Elizabeth Taylor ist. Allerdings unterscheiden sich die konkreten Besitzverhältnisse und Bestrebungen der beiden Horoskopeigner nicht unerheblich. Doch es sind auch gewisse Ähnlichkeiten zu finden. Der Sinn fürs Ästhetische und das Streben nach Einfluss und Wohlstand sind bei beiden nicht gering ausgeprägt.

Es sind immer Beziehungsmuster, durch die sich die subjektive Wirklichkeit eines Menschen konstituiert, und diese erkennt man im Horoskop. Nicht die »neutralen« Sachverhalte – also die Wirklichkeit aus der Beobachterperspektive – sind es, die sich in den astrologischen Konstellationen spiegeln.

Man kann astrologisch erkennen, in welches Verhältnis ein Mensch zu seiner Umwelt tritt, nicht aber, wie diese konkret, d.h. vom Standort anderer Menschen, aussieht. Ich filtere meine Umwelt, ich erlebe sie auf individuelle Art und Weise, ich identifiziere mich mit manchem und imitiere es, trete aber zu anderem in Opposition. Von welchen prinzipiellen Gesichtspunkten solche Verhaltensmuster geprägt werden, kann man in einem Kosmogramm sehen, nicht aber die konkrete Umwelt.

Ich gebe hier eine kurze Übersicht über das, was nicht in einem Geburtshoroskop steht. Vieles ergibt sich eigentlich wie selbstverständlich aus dem, worauf ich schon hingewiesen habe, aber es lohnt sich, sich die Aussagegrenzen im Einzelnen nochmals bewusst zu machen. Insbesondere auf die kulturelle Einbindung, die ja einer Konstellation auch nicht zu entnehmen ist, werde ich am Schluss nochmals eingehen.

Was steht nicht im Horoskop?

- Elternhaus
- soziokulturelles Umfeld
- politisches System
- Wohlstandsniveau
- ethnische Gruppe, Rasse, Volkszugehörigkeit
- Religionszugehörigkeit
- konkretes kollektives Schicksal
- geschichtliche Einbindung der Gruppe
- Erbpotenzial, Intelligenzniveau, Behinderungen
- Bewusstseinshöhe, »selbstbestimmender Faktor« (nach Thomas Ring)
- ethische Haltung

Von überaus großer Wichtigkeit für die menschliche Entwicklung ist die Muttersprache – sie ist persönlichkeitsbildend. Doch auch die konkrete Muttersprache sieht man natürlich nicht im Geburtshoroskop, wohl aber die Kräfte der Sprachbildung. Hier könnte noch ein neues Feld für die Astrologie erschlossen werden, man könnte Fragen um die Sprachbildung vor allem auch anthroposophisch fundieren. Diesem Thema sollten wir uns einmal gesondert widmen.

Wenn man weiß, wie wesentlich die oben aufgeführten Faktoren an der Persönlichkeit mitbilden, dann könnte man den übrig bleibenden »kosmischen Faktor« leicht unterschätzen. Und man fragt sich auch, wie Rudolf Steiner den Weg der Inkarnation durch die Planetensphären beschreiben und diesen als karmisch und individuell bedeutsam schildern kann, wenn all das oben Genannte nicht im Horoskop erkennbar ist? Macht nicht gerade das konkrete Elternhaus das eigentliche Schicksal oder Karma aus? Bedenkt man etwa, dass man die ersten wichtigen Entscheidungen wie die zur Schulbildung, zum Beruf und zu der Partnerwahl in relativ jungem Alter trifft und diese häufig von den Eltern abhängen – wie kann es dann sein, dass dieses Elternhaus nicht konkret in der *Radix* (= Geburts- oder Grundhoroskop) enthalten ist?

Ich werde zu zeigen versuchen, dass dennoch die astrologische Struktur einen großen Anteil des Karmischen oder Schicksalhaften ausmacht, dass allein die Wesensstruktur eines Menschen im Sinne einer Motivationsanlage ein wichtiger Faktor ist, um gewisse Schicksalswendungen, Begegnungen und Entscheidungen zu garantieren.

Was ist astrologisch erkennbar?

Rudolf Steiner macht in seinem Werk häufig einen Unterschied zwischen den Planetensphären und den Planetenkörpern. Im Allgemeinen meint er mit »Planetensphäre« dessen gesamte Umlaufbahn und er fasst sie wesenhaft auf, also nicht einfach nur als einen körperlichen Lichtpunkt. Man muss also von Anfang an deutlich darauf hinweisen, dass zum richtigen Verständnis der Texte Rudolf Steiners dieser Unterschied genau beachtet werden muss. Wo Steiner etwa von dem Reinkarnationsweg der Seele spricht, da schildert er den Durchgang durch Planetensphären.

Bei den astrologischen Konstellationen haben wir es mit Körpern zu tun – eventuell mit sich bewegenden Lichtkörpern, die man sich durchaus als »von Kräften in ihren sphärischen Bahnen getragen« vorstellen kann. Allein durch die Aufzeichnung punktueller Planetenstellungen kommen wir sicherlich an das möglich darunter liegende Sphärische, von dem Rudolf Steiner immer wieder spricht, nicht heran. Zumindest die Bewegungsrhythmen und die Geschwindigkeiten der Planeten sollten beachtet werden, wollte man – wenigstens im Ansatz – Merkmale ihrer gesamten Bahn, ihrer Sphäre, mit ins Auge fassen.

Der Mensch wird bei der Geburt in einen Rhythmus hineingeboren, in Bewegungsverhältnisse der Erde. Dazu gehören ihre Drehung um sich selbst (Rotation), ihr jährlicher Weg (Revolution) sowie ihr Verhältnis zu den anderen Planeten, zu Sonne und Mond. Das aufgezeichnete Horoskop ist nur eine Zeichnung, bildet nicht die Konstellation in ihrer Dynamik ab. Ich betrachte die Geburtskonstellation als ein Thema, das erst im Laufe der Zeit aufgefaltet wird. Es beinhaltet Entwicklung und Wandlungsmöglichkeit – allerdings bleibt die Geburtskonstellation zeitlebens prägend.

Genauso wenig wie wir aus einer Planetenkonstellation allein schon das erkennen, was an dynamischer Konstellationsentwicklung oder an geistigen Kräften dahintersteht, können wir durch die Betrachtung des menschlichen Körpers an das innere Wesen eines Menschen herankommen. Vielleicht würde dies schon eher gelingen, würden wir den Menschen in seinen Bewegungen oder Taten beobachten. Was geht in einem Menschen aber wirklich innerlich vor?

Die Frage danach, was in einem Geburtshoroskop zu sehen ist, ist unmittelbar mit der Frage verbunden, welche Vorstellung man vom Menschen besitzt, was eigentlich die menschliche Persönlichkeit ausmacht. Das Menschenbild wird von dem eigenen gelernten Wissen, kulturellen Vorstellungen und subjektiven Beobachtungen und Erfahrungen mit geprägt. Auch kann ich nur an einem anderen Menschen das wahrnehmen, was ich selbst auch schon irgendwie selbst kenne. Damit will ich sagen, dass die eigene Selbstwahrnehmung eine sehr wichtige Rolle bei der Menschenerkenntnis spielt, denn nur so kann ich ahnen, was es überhaupt am anderen zu entdecken geben kann.

Da wir die astrologischen Faktoren auf den Menschen beziehen wollen, müssen wir vom »Bauplan« des Menschen etwas wissen. – Wenn man eine Wirtschaftsastrologie betreibt, muss man selbstverständlich von den ökonomischen Gesetzmäßigkeiten etwas verstehen, woher sollte man sonst wissen, was an einem ökonomischen Prozess venus- oder marshaft sein könnte. Die astronomischen Konstellationen als solche sind abstrakt und neutral. Es sind der Astrologe oder die Astrologin, die den Bezug der Konstellationen zu einem »Deutungsobjekt« herstellen, und dies sollten sie aus dem Selbstkonzept dieses Deutungsobjekts heraus tun. Das zu Deutende soll in seiner Eigengesetzlichkeit erkannt werden. Will ein Astrologe dies bei einem Menschen versuchen, dann wird immer auch das eigene Menschen- und Selbstverständnis dabei eine Rolle spielen, das, von dem er glaubt, dass es das Menschliche ausmache.

Also müssen wir zunächst über das, was den Menschen eigentlich bestimmt, reflektieren – so gut wir können. Das Lehrgebäude der Anthroposophie bietet sicherlich Ansatzpunkte, doch an dieser Stelle werde ich erst einmal an unsere eigene (anthroposophische) Erkenntnis- und Beobachtungsfähigkeit appellieren, ohne auf von Rudolf Steiner gemachte Angaben allzu früh zurückzugreifen. Wir wollen ja nicht etwas übernehmen, sondern wirklich selbst erkennen. Mir ist dabei nur allzu bewusst, dass wir nicht erkennen können, wofür wir noch nicht die Augen geöffnet haben. So müssen wir uns gegenseitig weiterhelfen; der eine suchende Mensch kann dem anderen weiterhelfen und umgekehrt. Jeder wird etwas zu meinen Gedanken hinzufügen können, wird sich angeregt fühlen, anderes zu sehen, was mir vielleicht entgangen oder weniger bewusst ist – oder wird sich vielleicht auch durch meine Überlegungen für neue Einsichten sensibilisieren lassen.

Ohne »Bildung« wird der Mensch nicht zum Menschen. Von sich aus – unter Tieren – findet er nicht seinen aufrechten Gang und seine Sprache. Auch Wahrnehmung muss er erst einmal lernen, das Verständnis dessen, was die Sinnesorgane vermitteln, ist nicht angeboren. Welt nennen wir, was durch das Zusammenspiel unserer verschiedenen Sinnesorgane als »Eindruck« in uns hineingelangt. Beim Verstehen der Welt greifen wir auf unsere Sinneseindrücke zurück und deuten sie. Vor allem der Tastsinn und der Sehsinn sind es, die uns wechselseitig das Vorhandensein unserer irdischen Wirklichkeit bestätigen. Dabei darf nicht übersehen werden, dass auch das Tast- und Sehverständnis keine angeborenen Fähigkeiten sind. Wir müssen erst lernen, Sehen und Tasten in Wechselbeziehung aufeinander zu interpretieren.

Beim kleinen Kind können wir beobachten, dass beispielsweise ein Sehen oder Erkennen der räumlichen Perspektive nicht möglich ist. Ein Kleinkind sieht in die Welt hinaus, ohne irgendeine Entfernung einschätzen zu können, erkennt nicht, dass das, was es vor sich sieht, vielleicht ein hoher Berg ist. Aus der Psychologie wissen wir, dass das kleine Kind noch nicht einmal weiß, dass ein Objekt auch dann noch weiter existiert, wenn es dieses nicht mehr vor sich sehen kann, sogenannte Objektpermanenz muss sich erst entwickeln. Sehen will gelernt sein. Diese Einsicht bestätigte sich auch in Fällen, wo ein zuvor blinder Mensch durch eine Operation sehend wurde. Der jetzt Sehende sieht zwar schärfere und weniger scharfe Farbflecke, kann diese aber nicht mit seinem Tastsinn und dem damit verbundenen Raumerlebnis koordinieren. Dass er die – vorher als ebenso groß wie er selbst – getasteten Menschen mit dem in Verbindung bringen muss, was er jetzt als kleine Gestalten vor sich sieht, muss er erst lernen.

Sozialisation umfasst zu einem großen Teil die Koordination der Sinneseindrücke und schließlich auch deren Interpretation. Reine Sinnesdaten bleiben ohne jegliches Verständnis, wenn sie nicht wechselseitig aufeinander bezogen werden können und ›als etwas‹ interpretiert werden können. Was wir schließlich als mögliche Tätigkeit mit einem Sinneseindruck verbinden können, konstituiert den Begriff des Objekts. Dazu ein Beispiel: Was sind Stricknadeln? Genügt es zu sagen, dass dies zwei Stäbchen sind? Der Begriff Stricknadeln konstituiert sich aus seiner dazugedachten Art der Verwendung. Und wo solch ein »strickender« Gebrauch von Stäbchen nicht bekannt ist, dort mag jemand die Stäbchen nicht als solche zu erkennen – oder vielleicht eher als Essstäbchen klassifizieren. Der kulturelle Zusammenhang ist bei diesem Vorgang nicht zu übersehen.

Ein Deutungsprozess liegt damit bei allen sinnlichen Prozessen vor, der unbewusst die gewöhnliche Weltorientierung regelt, der sicherlich auch bei Tieren bis zu einem gewissen Grade zur Wirksamkeit gelangt. Durch unser sinnliches Leben, das wir verstehen lernen müssen, haben wir die Welt menschlich deuten gelernt. Kollektive Deutungs- Reaktions- und Erlebnismuster sind als solche durch ein Horoskop nicht zu erᵗ ᵢnen. Wir setzen sie bei unserer Deutung voraus und greifen auf sie zurück, ohne dies im Einzelnen zu bemerken. Doch wir dürfen uns nicht darüber täuschen – astrologisch ist die kulturelle Zugehörigkeit nicht zu ersehen. Streng genommen müssten rein astrologische Beschreibungen so allgemein sein, dass sie prinzipiell auf alle kulturellen Lebensformen dieser Erde, auf alle Menschen, anwendbar wären. Wir haben es, so gesehen, bei den astrologischen Prinzipien mit »Universalia« zu tun, deren Spezifitäten auf einer sehr hohen abstrakten, relationalen oder strukturellen Ebene anzusiedeln sind. Und dennoch: Es ist zu bedenken, dass ein astrologisches System als solches schon Weltinterpretation einschließt und insofern nicht völlig Kultur-indifferent ist. In ihm hat sich schon ein bestimmtes Weltverhalten kristallisiert – das gilt auch für unser abendländisches System, worauf ich am Ende nochmals zurückkommen werde.

Der Mensch als Individuum deutet über die Gewohnheiten seiner Kultur hinausgehend seine Eindrücke auch noch ganz subjektiv, unterscheidet sich in spezifischer Weise von einer gewissen Norm, gibt nur bestimmten Eindrücken persönliche Bedeutung, übersieht für ihn Irrelevantes. Sitzt eine Schulklasse vor demselben Lehrer, dem sie zuhört, wird das Gehörte für den einzelnen von ganz unterschiedlicher Bedeutung sein. Nachhaltiges Interesse wird man nur in dem Menschen wecken können, der eine gewisse Affinität zu dem betreffenden Sachgebiet hat. Genau solche Affinitäten sind es, die durch astrologische Konstellationen sichtbar werden. Dabei ist keineswegs eine Affinität immer eindeutig; vielfältig, in mehreren Facetten, oder gar widersprüchlich, konflikthaft, kann der einzelne Mensch die verschiedenen Eindrücke interpretieren und erleben.

Persönliche Deutung und Interpretation liegt selbst auch dem eigenen Wohlbefinden zu Grunde. Zum Wohlbefinden genügen nicht entsprechende Sinneseindrücke. Die passende subjektive Deutung muss hinzutreten. Angenommen, wir würden die denkbar angenehmste Zuwendung durch jemanden erfahren. Würden wir dieser Erfahrung das Deutungsmuster geben, der andere wolle uns ausnutzen, er wolle Vorteile, all die Zuwendung wäre nicht ehrlich gemeint, dann kann jede sinnliche Annehmlichkeit zur Qual umgedeutet werden, dann können an sich schöne sinnliche Erfahrungen zum Erlebnis der Ausnutzung werden. Diese Deutung muss dabei noch nicht einmal mit der Absicht des anderen übereinstimmen, der sich jemandem scheinbar oder anscheinend liebevoll zugewendet hat. Eine Deutung der Ausnutzung könnte bei dem Betreffenden allein durch sein Wissen oder sogar nur durch die Annahme der unterschiedlichen wirtschaftlichen Besitzverhältnisse hervorgerufen werden: »Der andere hat weniger Besitztümer als ich und deshalb will er an mein Vermögen herankommen.«

Zu welchen Interpretationsmustern ein Mensch tendiert, wird im Horoskop sichtbar. Ob diese ins Pathologische gehen, ist durch die Konstellation nicht festgelegt. Wo das eigene Erlebnismuster in allzu große Divergenz zu dem der anderen steht und wo es nicht mehr konsensfähig ist, da spricht man schließlich von Neurosen, Psychosen oder von paranoiden Zuständen. Doch die Übergänge sind fließend. Kulturbedingte Unverständlichkeiten, alters- oder geschlechtsspezifische Kommunikationshemmungen sind uns relativ vertraut – ebenso die vielen unterschiedlichen individuellen Lebenskonzepte, Weltanschauungen und Verhaltensstile.

An die eigentliche innere Erlebniswelt des anderen, an die urpersönliche Deutung der Vorgänge, die ihn betreffen, ist schwer heranzukommen. Denn jeder wird auch irgendwelche Schutzmechanismen entwickeln, das eigene Erleben zu verbergen, um eigene Verletzbarkeiten nicht zu zeigen. Viele dieser tiefsitzenden Deutungsmuster, der Ängste und Triebe, sind dem Betreffenden überhaupt nicht bewusst; vieles wird einfach nur auf eine bestimmte Art und Weise empfunden oder erlebt, ohne dass dies jemals hinterfragt würde. Auch Mechanismen des Versteckens der tiefen eigenen Interpretationswelt sind kaum zugänglich.

Ein gleiches äußerliches Verhalten kann zudem bei verschiedenen Menschen durch ein gegensätzliches Erleben verursacht sein. Unter einem offenen freundlichen Umgangston können beispielweise durchaus unausgesprochene Feindseligkeiten verborgen sein, oder auch Ängste könnten dahinterstehen. Dabei ist zusätzlich zu berücksichtigen, dass der freundliche Tonfall oder das Nicken des Kopfes Gesten sind, die bereits ansozialisiert wurden. Es mögen gewisse menschliche Verhaltensweisen universal als »typisch menschlich« bezeichnet werden können, wie etwa ein bestimmtes mimisches Verhalten, eine zornige Miene oder ein Lächeln, doch auch das Lächeln hat in verschiedenen Kulturen einen unterschiedlichen Stellenwert.

Von sogenannten »Wolfskindern« wissen wir, dass nicht einmal der aufrechte Gang ohne entsprechende Sozialisiation selbstverständlich ist. Sogar stimmliche Äußerungen können bei entsprechendem Aufwachsen in nicht-menschlicher Umgebung den Ausdruck eines Blökens oder Bellens annehmen. Der Mensch spricht nicht »von selbst« oder »von Natur aus« wie etwa das Huhn gackert, der Hund bellt oder die Katze miaut.

Was auch immer für uns Menschen existiert, es wird erst durch unsere menschliche Interpretationsweise evident. Wodurch Glücksgefühle oder Leid ausgelöst werden, hängt von kulturell bedingten Ansprüchen, individuellen Einstellungen, weltanschaulichen Vorstellungen und dergleichen ab, es ist nicht als solches vorhanden.

Was aber sieht man in der Astrologie? In der heutigen Astrologie deuten wir im Allgemeinen die Konstellationen so, dass wir eine gewisse Grunddisposition umschreiben, in welcher subjektiven Weise sich das Ich in seinem Umgang mit sich und der Umwelt erfährt. Zu welchen Erfahrungen tendieren wir eher, welche meiden wir, wo liegt das genießerische Element, wo suchen wir Auseinandersetzung, Abgrenzung, was möchten wir ändern, was nehmen wir hin, wo passen wir uns eher an und worunter leiden wir mehr als andere? Wir erkennen, in welcher

Art wir zu bestimmten Zeiten Welterfahrungen machen. Individuell, milieuspezifisch und kulturell bedingt kann dies alles – konkret verglichen – sehr unterschiedliche Situationen beinhalten, doch astrologisch lässt sich thematisch und empfindungsmäßig beschreiben, was erlebt wird.

Dabei werden bei einer Horoskopdeutung die an sich symbolischen oder bildhaften astrologischen Faktoren in unsere gesprochene Sprache übersetzt. Mit Hilfe unserer Sprache drücken wir aus, welcher Art unsere Reaktionsweise ist. Die astrologischen Prinzipien schaffen dabei die Einteilung für bestimmte Erlebnisqualitäten.

Nach unserer abendländischen astrologischen Lehre kommt ganz bestimmten Faktoren bei der Deutung einer Veranlagung eine entscheidende Rolle zu: Sonne, Mond und Planeten gelten als Kräfte, die als Bedürfnisse und Antriebe zu verstehen sind. Diese sind durch gewisse proportionale Verhältnisse in einem Geburtshoroskop unterschiedlich dominant – das ändert sich von Minute zu Minute, von Ort zu Ort (je nach Längen- und Breitengrad). Sie sind zudem unterschiedlich durch die Tierkreiszeichen »gefärbt«, durch sogenannte *Aspekte* miteinander verknüpft und auf verschiedene Umweltbereiche bezogen – ausgedrückt durch die sogenannten astrologischen Häuser oder Felder. In jedem Horoskop gibt es all diese astrologischen Faktoren, nur unterschiedlich miteinander verknüpft und verschieden stark. Es gilt bei der Deutung, das Besondere an einer Konstellation zu erkennen, das Wesentliche oder selten Vorkommende; so wird das, was den einen vom anderen in seinem Erleben und unbewussten Wollen prinzipiell unterscheidet, durch eine Geburtskonstellation offenbar.

Die nachfolgende kleine Tabelle soll als Beispiele einige Erlebnisqualitäten zu den Planeten nennen.

Vorherrschende Erlebnisqualitäten bei verschiedenen planetaren Betonungen in Kosmogrammen

Sonne:
Lebens- und persönlichkeitsorientiert, autonom und individualistisch ausgerichtet, Vorstellungen vom eigenen Selbst sind prägend bei allen Handlungsweisen.

Mond:
Durchlässige, reflektierende, beseelende Einstellung, Dinge erhalten gemüthafte Bedeutungen; beeinflussende und beeinflussbare Haltung, durchlässig für Gefühlsbedürfnisse Nahestehender.

Merkur:
Die begriffliche Seite der Dinge will erfasst werden, das Naheliegende soll von seinen planerischen und nützlichen Konsequenzen her abgeschätzt werden.

Venus:
Ästhetische sinnliche Qualität des Wahrgenommenen ist wesentlich, geschmackliche, künstlerische oder schöngeistige Komponenten sind entscheidend im Erleben und Urteilen.

Mars:
Ent- und unterscheidende Gesichtspunkte in der Urteilsfindung und Handlungsweise dominieren, konfrontations- und handlungsfreundlich.

Jupiter:
Zweckorientiert, darüber hinausgehend auch nach sinnstiftenden Kriterien suchend; am Optimum des Machbaren interessiert, expansiv und unternehmungslustig.

Saturn:
Pflichtbetont, sich Notwendigkeiten und Widrigkeiten

des Lebens stellen, fehlende und vorhandene Sicherheiten werden deutlich gesehen, die ernste Seite des Lebens ist vorherrschend.

Uranus:
Freiheitsbetont, neue übergeordnete Ideen verfolgen wollen, Interessen-Verwandtschaften wichtiger nehmend als persönlich-emotionales Aufeinander-bezogen-Sein.

Neptun:
Idealisierend und hoffend, sich mit anderem identifizierend, gefühlsbetonten Eingebungen folgend; opferbereit; mitunter mit Eindrücken aus einer besseren Welt verschmelzen.

Pluto:
Keinen Stillstand dulden, an allem das Wandelbare sehen; hinterfragend und auch zweiflerisch; das Alte überwinden wollen, es aber nicht einfach loslassen können.

Solche in sprachlicher Form wiedergegebenen astrologischen Qualitäten lassen kaum vermuten, dass diese einer gewissen Ordnung folgen. Doch wer tiefer in die Astrologie eindringt, z.B. das Verhältnis der Planeten zum Tierkreis untersucht (vgl. mein Buch »Gestaltastrologie«), der erkennt, dass es sich dabei um eine ganz systematische Verknüpfung noch tiefer liegender Prinzipien handelt, die man fast als allgemeine System-beschreibende Kriterien auffassen könnte, als Kräfte, die ein Ordnungssystem für Weltinterpretation bereitstellen.

Dass Rudolf Steiner die Planeten im »Heilpädagogischen Kurs« (GA 317; Vorträge vom 25.6.–7.7.1924) mit den verschiedenen Wesensgliedern eines Menschen in Verbindung bringt, darf nicht darüber hinwegtäuschen, dass er damit eigentlich – vom Blickpunkt der Wesensglieder aus – ausdrücken wollte, welches astrologische Prinzip jeweils für ein Wesensglied besonders charakteristisch ist; er wollte die einzelnen planetaren Qualitäten keinesfalls nur auf je ein Wesensglied beschränken, was ohnehin auch aus anderen Äußerungen Steiners zu Planetenqualitäten hervorgeht.

Erlebnisweisen sind tief von innen her motiviert und zeigen sich zeitlich in unterschiedlicher Form. Meiner Auffassung nach sollte man eine kosmische Grunddisposition, die Radix, nicht als eine statische Veranlagung ansehen. Ich bezeichne das Grund- oder Geburtshoroskop als eine Art Motivationsanlage, die sich zeitlich unterschiedlich zeigt, als eine Art zeitlich in Erscheinung tretende veranlagte Entwicklungsrhythmik. In verschiedenen Zeiten werden unterschiedliche Motivationen wach, die uns für qualitativ und quantitativ unterschiedliche Welterfahrungen öffnen. Erkannt und erlebt wird etwas in einer bestimmten Weise, und dies kommt über den Weg der eigenen Erlebnis-Deutung zustande.

Über die Welt als solche kann astrologisch nichts ausgesagt werden, ist sie doch nur im Hinblick auf ein sie erfahrendes Wesen in dieser Weise Wirklichkeit. Ein angenommener Engel würde die Welt wohl anders wahrnehmen. Sie wäre für ihn Wirklichkeit im Sinne der Art und Weise seiner Wahrnehmungsmöglichkeiten. Unsere menschliche Welt ist für uns Realität, weil wir durch unsere Sinnesorganisation nur in einer ganz bestimmten menschlichen Art und Weise mit unseren Sinneserfahrungen umgehen können. Und dabei gibt es kulturelle und individuelle Unterschiede. Auf der Fähigkeit zur Selbstreflexion basiert schließlich das persönliche Bewusstsein von der eigenen Existenz. Ich bin da, weil ich mich erfahre. Wie ich mich erfahre, hängt von meinem »Interpretationswesen« ab.

Wenn ich mich und meine Erfahrungswelt wirklich gemäß den Konstellationen deute, liegt dann nicht nahe, dass ich mich im Sinne dieser kosmischen Anlage in der Welt organisiere? Erlebe ich die Welt so, weil ich sie im Sinne der Konstellationen deute? Finde ich unbewusst zu entsprechender Welterfahrung, weil ich zu bestimmten Situationen und Menschen besondere Affinitäten oder Antipathien entwickle und diese dadurch meide oder suche?

Vermutlich sind Motivations-Zustände, die durch das Horoskop angezeigt werden, ursächlich daran beteiligt, dass bestimmte Zufälle im Leben »Wurzeln schlagen« können. Irgendwelche Zufälligkeiten geschehen jeden Tag, einige Zufälle jedoch scheinen von ausschlaggebender Bedeutung für das individuelle Leben zu werden. In einer »lyrischen« Motivationslage vermag ein zufälliger Blick eines Fremden oder ein Anstoßen im Kaufhaus zur lebenswichtigen Begegnung zu werden.

Wir sehen durch die Astrologie, dass irgendwelche ganz bestimmt gearteten Erfahrungen als wichtig genommen werden und der Betreffende in spezifischer Weise darauf reagiert. Die Erlebnisqualität ist dabei das Ausschlaggebende, sie ist astrologisch zu erkennen und damit in gewissem Sinne determiniert.

Will man damit den Gedanken an ein Karma in Verbindung bringen, durch das ganz bestimmte Menschen in einem Leben zueinander in Kontakt treten, dann wird daraus deutlich, dass das konkrete Karma in Form von konkret beschreibbaren Begegnungen nicht im Horoskop steht. Allerdings kann man die Deutungsstruktur des Menschen, der eine Begegnung als lebensbestimmend wertet, als karmischen Ursprungs bezeichnen. Klar soll durch diese Ausführungen das Folgende werden: Der Karmagedanke folgt nicht notwendigerweise aus der Astrologie. Verfolgt man jedoch die Idee von Karma oder – wie es andere ausdrücken – Schicksal, dann kann nicht das gesamte Karma im Horoskop stehen. Allerdings ist dann die Geburtskonstellation ein wichtiger Aspekt der karmischen Wirkungen, sie ist eine Art Motor oder Antrieb, der zu den entsprechenden konkreten Situationen führt. Tief im Organismus scheint jedenfalls eine Trieb- und Motivationsanlage veranlagt zu sein, die unbewusst die körperlichen und damit auch gefühlsmäßigen Regungen steuert, die damit viele schicksalhafte Begegnungen garantiert.

Rudolf Steiner sieht diese Zusammenhänge ganz ähnlich, er geht darauf in dem Vortrag vom 19.5.1923 in Oslo genauer ein (vgl. »Menschenwesen, Menschenschicksal und Weltentwicklung«, GA 226, Dornach 1966; 4.Vortrag). Dort bezeichnet er die zusammenführenden Kräfte einer Begegnung als »ein ganz planmäßiges Erstreben im Unterbewusstsein. Und manchmal ist es, wenn man in dieser Weise das Schicksal des Menschen betrachtet, ganz wunderbar, welche Winkelzüge ein Mensch macht, um an einer bestimmten Stelle in einem bestimmten Jahre anzukommen und da den anderen Menschen zu treffen« (ebd. S.63). Die »Winkelzüge« aber werden durch das herbeigeführt, »was wir in unseren Seelen tragen als unsere Leidenschaften, Triebe, Instinkte.« (ebd., S. 74).

Astrologisch ist im Übrigen interessant, dass man sich nicht in den Menschen verliebt, dessen Horoskop die harmonischsten Konstellationen zur eigenen Radix aufweist, sondern der die in der eigenen Radix angelegten Potentiale der Begegnung anspricht. Mitunter sehr spannungsreiche Konstellationen. Man liebt – wenn man so will – den eigenen Schicksalsvollstrecker oder die Schicksalsvollstreckerin – das soll heißen: mit dem Partner wird man zur Schicksalsgemeinschaft und das geschieht nur, wenn gerade die problematischen, bisher unerlösten Aspekte miteinander in Kontakt treten.

Meiner Meinung nach sind nur Motivationen und bestimmte Lebensthemen astrologisch determiniert, die eigene Entscheidung ist es nicht. Ich glaube sogar, dass es selbst karmische oder schicksalhafte Begegnungen gibt, bei denen man frei entscheiden kann, ob man in diesem Leben miteinander einen Weg zusammen gehen will oder nicht – wenn man sich zu so viel selbstentscheidender Bewusstseinshöhe entwickelt hat. Rudolf Steiner antwortet auf die Frage nach der Freiheit des Menschen: »Wir sind dennoch frei, wenn auch von dem Beginn unseres Erdenlebens an von uns gewisse Erlebnisse gesucht werden, denn nicht das ganze menschliche Leben setzt sich aus solchen schicksalsmäßigen Erlebnissen zusammen, sondern es fügen sich immer den schicksalsmäßigen Erlebnissen die freien Erlebnisse ein. Und diese freien Erlebnisse, die sich einfügen, findet die Geisteswissenschaft wiederum an einer anderen Stelle.« (GA 226, ebd., S. 63)

Erleben und ethische Bewertung – zwei unterschiedliche Dimensionen

Entscheidend für die Zufriedenheit eines Menschen mit sich selbst, ist die persönliche Bewertung des eigenen Handelns und dessen, was einem widerfährt. Wir müssen dabei deutlich zwischen zwei verschiedenen Arten von Bewertung unterscheiden. Wenn ich oben von der Deutung eines Erlebnisses sprach, habe ich damit nicht auf die ethische Bewertung abgezielt, sondern wollte Interpretationsarten aufzeigen, die dem Empfinden oder Erleben unterliegen. Ich habe dies auf der Ebene des Angenehm- oder Unangenehm-Empfindens erörtert, was ich hier in diesem Zusammenhang zu den *Erlebnisweisen* zähle.

Die Skala von ethischen Bewertungsgefühlen bezieht sich auf eine andere menschliche Dimension, sie reicht von den Selbstgefälligkeits-Gefühlen über die Gewissensindifferenz bis zu Selbstvorwürfen und Schuldgefühlen, auch das positive Gefühl der Selbstzufriedenheit soll nicht vergessen werden. Diesen Bewertungsgefühlen will ich im Folgenden nachgehen.

Nicht selten werden solche Gefühle im Zusammenhang mit der eigenen Weltanschauung gedeutet oder durch diese gar erst hervorgerufen. Der Gedanke, man habe sein Schicksal »verdient«, kann im positiven wie im negativen Fall eine die Entwicklung hemmende Rolle spielen. Menschen, die tatsächlich behaupten, ihre gute Gesundheit sei der Beweis dafür, dass sie richtig und ganzheitlich lebten, also heil oder gar »heilig« seien, konnte ich schon des öfteren antreffen. Hier wird etwa Krankheit mit einer irgendwann und irgendwo einmal vorhandenen Schlechtigkeit oder Schuldhaftigkeit zusammengebracht und es wird gleichzeitig ein Rückschluss gezogen, der nicht einmal logisch zulässig ist. Dieser Fehlschluss hat die folgende Form:

Wenn Krankheit vorhanden ist, dann liegt Schuld vor; wenn unschuldig, dann gibt es keine Krankheit.

Leider sind solche fehlerhaften Umkehrschlüsse unter Esoterikern nicht selten; vor allem unter kranken Menschen findet man zuweilen eine Haltung der Selbstanklage. Ich würde sogar behaupten, dass es Mode geworden ist, bei unangenehmen Dingen, die einem Menschen widerfahren, von Karma zu reden – und dies in einem Sinne, der dem Betreffenden Schuld zuspricht. Solche Vorstellungen können eine die Entwicklung des Menschen hemmende Rolle spielen; der Gedanke, man habe ein schlechtes Karma, man verdiene ein »schlechtes Schicksal«, kann geradezu lähmen.

Rudolf Steiner vertritt demgegenüber eine viel weiter reichende, offenere Karmaauffassung. Was einem Menschen – gemäß Steiners Darstellungen – an Leid begegnet, ist nicht unbedingt Folge von Schuld oder Fehlverhalten in früheren Leben, es kann vielmehr auch völlig andere Ursachen haben: Leid kann beispielsweise aus einer selbstgewählten Aufgabe resultieren, durch die man neue Erfahrungen zu machen wünscht, es kann aus einem Opfer resultieren, das ein Mensch zu Gunsten eines Mitmenschen auf sich nimmt, damit sich an diesem eine Änderung vollziehe. Leid kann auch neue Ursachen im jetzigen Leben haben, die in keiner Weise vorbestimmt waren, die vielmehr gesetzt werden, weil ein anderer unvorherbestimmterweise an einem schuldig geworden ist und einem ein Leid angetan hat. Oder der Sinn von Leid könnte darin liegen, dass sich bestimmte Impulse tief in die Seele eingraben sollen, die jedoch erst in einem späteren Leben zur Wirksamkeit kommen sollen und können. Nicht zu vergessen ist, dass Steiner mit dem, was nach dem Tode weiterlebt, nicht die Veranlagung eines Menschen meint, also etwa das emotionale »Kostüm«, sondern dessen »Willenskeim«, der Handlung werden will – mit all seinen Konsequenzen. Wenn man Karma als aus den Willensimpulsen des früheren Lebens stammend auffasst, dann ist damit noch nichts über die Motive dieser Impulse ausgesagt; und dies würde ja gerade die ethische Dimension betreffen. Man könnte hier noch differenziertere Ausführungen folgen lassen, doch ich will hier nur darauf aufmerksam machen, dass wir uns vor allzu schnellen Schlussfolgerungen bezüglich des Karmas hüten sollten. Es gibt *astrologisch* keinerlei Anhaltspunkte, aus denen sicher geschlossen werden könnte, *warum* ein Mensch konfliktreiche, schwierige oder blockierende Konstellationen in seinem Grundhoroskop aufweist. Steht hinter einer Konstellation ein sozialer Impuls, ein Opferwille, oder manifestiert sich darin etwa wirklich eine frühere Schuld? Im Folgenden versuche ich darzulegen, dass eine solche Entscheidung zudem unerheblich ist für den Werdegang eines Menschen.

Aus dem Horoskop heraus wissen wir jedenfalls nicht, warum eine bestimmte Geburtskonstellation zustande gekommen ist. Wollten wir eine solche Frage beantworten, dann benötigen wir dafür intuitive Fähigkeiten, weil Sie tief in der Biografie und dem Organismus eines Menschen lesen können müssten – und zwar im konkreten Leben des Menschen und nicht einfach nur in seinem Horoskop. Viele astrologische Karmadeutungsbücher sind nicht haltbar; selbst wenn wir die Geburtskonstellation als durchaus karmisch bedingt ansehen oder wenn wir das Horoskop als unser Karma bezeichnen wollten – über den Ursprung des persönlichen Karmas ist damit noch nichts ausgesagt; dazu müssen wir auf den Menschen selbst blicken. Nur in ihm selbst könnte vielleicht bei entsprechender Bewusstseinsverfassung und nach einem entsprechenden spirituellen Weg eine innere Antwort aufleuchten. Doch auch dabei kann nicht eine Schuldfrage im Zentrum stehen, es muss eher um die Lebensaufgabe gehen.

Als außenstehende, selbst fehlerhafte unvollkommene Menschen sollten wir auf Deutungen verzichten, die ins Gewissen eines Menschen eingreifen, gerade dann, wenn es um Schuldfragen geht. Denn Schuldgefühle können meiner Beobachtung nach einen Menschen extrem belasten, sie machen unfrei. Nicht selten hatte ich Mühe, Menschen den Blick für wichtige Aufgaben zu öffnen und aus einem Leiden an sich selbst herauszuführen, das von dem Betreffenden selbst als Bestrafung deklariert wurde.

Jeder Mensch muss zeitweise leiden, das liegt schon im Lauf der Dinge begründet. Aber das Leiden kann auch als eine Aufforderung verstanden werden, die darin besteht, sinnvolle – wenn auch eventuell leidvolle – Aufgaben zu finden und zu übernehmen, womit man sein unumgängliches Opfer darbringen kann. Dazu ist der Schuldgedanke völlig überflüssig. Menschen entwickeln viel eher eine freudvolle und deshalb auch mutige und opferbereite Handlungskraft, wenn sie etwas aus dem Gedanken der Freiwilligkeit heraus tun. – Und letzten Endes geht es darum, das eigene Schicksal anzunehmen und das Beste daraus zu machen. Dies bedeutet aber, dass man sein – warum auch immer – erlebtes Leiden in seiner Chance begreift, tiefere Erfahrungen machen zu dürfen, extremere Situationen durchstehen zu können, den Blick für schwierigere Lebenslagen zu schärfen. Ohne schmerzhafte Erlebnisse würden wir alle wohl kaum auf den Weg des Suchens gebracht worden sein – darauf weist auch Rudolf Steiner in »Kosmologie, Religion und Philosophie« (GA 25;10;81) ausdrücklich hin:

> »Man kann schon vom gewöhnlichen Bewusstsein aus sehen, wie das Schmerzerlebnis mit der Entwickelung der seelischen Erfahrungen zusammenhängt. Jeder, der sich einiges an Erkenntnissen höherer Art errungen hat, wird sagen: Für die glücklichen, lustbringenden Einschläge in mein Leben bin ich dem Schicksal vorher dankbar; meine in wahrer Wirklichkeit wurzelnden Lebenserkenntnisse verdanke ich aber meinen bitteren, meinen leidvollen Erlebnissen.« (1922)

Freiwillig nimmt zunächst wohl kaum ein Mensch Leid auf sich, obwohl das vielleicht sogar die einzige Möglichkeit darstellt, entsprechende Lebensphasen sinnvoll zu gestalten. Jedenfalls erscheint mir – auch vom astrologischen Standpunkt aus – der Blick in die leidvollen Zusammenhänge eines menschlichen Lebens als überaus aufschlussreich; hier findet man meist den Schlüssel für das tief erstrebte Lebensanliegen eines Menschen, das diesem völlig unbewusst sein kann. Ich möchte sogar behaupten, dass Leiden fast immer die Aufforderung enthält, das Erfahrene und dadurch Gelernte weiterzugeben. Denn dass man an etwas gelitten hat, offenbart eine starke Affinität zu diesem Gebiet, aber damit auch zu den Menschen, die Ähnliches durchleiden müssen. Astrologisch gesehen kann etwa eine starke Besetzung des 6. Hauses gleichermaßen das schlechte Umgehen und Aufbrauchen der eigenen Kräfte, also beispielsweise Krankheit, bedeuten wie auch zu therapeutischen Berufen geneigt machen. Hieran erkennt man, dass eine astrologische Deutung immer einen Leidens- und einen Tataspekt anspricht.

Noch einmal zurück zur persönlichen Schuld: Durchaus gibt es manchmal berechtigte Schuldgefühle, die nicht wegzudiskutieren sind und aus ganz konkreten Verfehlungen in diesem Leben herrühren; wo Selbstvorwürfe jedoch in eigene Unwert-Vorstellungen münden, sind sie für den Entwicklungsweg hinderlich. Wo sich Resignation aus einem Schuldgefühl heraus breit macht, muss dem betreffenden Menschen herausgeholfen werden. Vielleicht kann man mit diesem gemeinsam nach Wegen einer Wiedergutmachung suchen oder nach persönlichen Hilfsangeboten, die anderen zugute kommen.

Astrologisch gesehen gibt es eine mehr oder weniger starke Veranlagung zu Schuldgefühlen; es gibt unterschiedlich starke Neigungen zu Selbstvorwürfen und Minderwertigkeitsgefühlen. Solche Veranlagungen beinhalten jedoch noch kein reflektiertes Selbstbild, bedeuten noch nicht ein Vorgedrungensein zur inneren Gewissensstimme, sie haben häufig noch mit völlig unhinterfragten Erziehungsmustern, Erwartungshaltungen der umgebenden Menschen und Normen der Gesellschaft zu tun. Die Neigung, diese zu verinnerlichen und daran sein Selbstbild aufzubauen, kann bei einer entsprechenden Veranlagung stärker als üblich ausgeprägt sein. Dies ist durchaus aus einer Radix zu erkennen – doch nur gemeinsam mit dem betreffenden Menschen können Wege gefunden werden, wie damit umzugehen ist. Der eine fühlt sich mehr in die Pflicht genommen, der andere weniger. Solche Veranlagungen sind nicht wegdiskutierbar, ihnen muss im Leben subjektiv Rechnung getragen werden; doch dies kann man konstruktiv tun, darf nicht in die Selbstdestruktivität abgleiten. Dabei kann ein guter Astrologe helfen.

Man beachte auch, wie aus dem Rückblick heraus Vergangenes einer Uminterpretation durch den Betreffenden unterliegen kann, nachdem dieser sich innerlich verändert hat. Was einmal als »schlecht« empfunden wurde, wird oft aus der Rückschau als positiv für die eigene Entwicklung beurteilt. Unangenehmes wird vergessen, als positiv für die eigene Person Bewertetes idealisiert oder auch abgewertet. Astrologisch sieht man das zeitgebundene Erleben, nicht die bewertende Rückschau. In einer zufriedenen Lebensphase wird auch das Vergangene unproblematischer empfunden.

An dieser Stelle ist ganz wichtig, sich nochmals des Unterschieds von Erleben und sinnorientierter Bewertung zu erinnern. Es gibt etwa lustige, schöne Erlebnisse oder auch ärgerliche Situationen, denen man nicht viel Wert beimisst. Das bedeutet: Wer innerlich Abstand von bestimmten Situationen und von sich selbst gewinnt, dem gelingt möglicherweise eine Bewertung von irgendeinem Geschehen, das unterschiedlich sein kann von den Freuden und Leiden der Situation selbst. Die ethische Bewertung kann zudem von völlig anderen Kriterien ausgehen als dies in der Empfindung der Fall ist. Die Wortpaare angenehm/unangenehm oder wesentlich/unwesentlich betreffen unterschiedliche Dimensionen des Erlebens und Bewertens. Ersteres bleibt auf der Empfindungsebene, Letzteres hat mit dem ethischen Stellenwert zu tun.

Es gibt Menschen, die sich unter den schwierigsten entbehrungsreichsten Konstellationen nicht unglücklich fühlen. Sie haben beispielsweise – etwa bei spannungsreichen Plutotransiten – opfervolle, aber für sie sinnvoll erscheinende Aufgaben übernommen, wodurch sie die Entbehrung nicht als Unglück empfinden; denn sie stufen selbst ihr Handeln als ethisch wertvoll ein. Insofern gibt es keine »schlechten« oder »guten« Konstellationen in der Astrologie, höchstens »angenehmere« oder »unangenehmere«. Denn die ethische Bewertung ist nicht aus einem Horoskop ersehbar.

Doch auch bei der Frage nach dem Grad des Angenehmen ist – wie vorher gezeigt – sehr viel Subjektivität im persönlichen Erleben von Dingen auszumachen. Insofern ist aus einer Annehmlichkeit anzeigenden Konstellation nicht unbedingt auf ein allgemein als angenehm eingestuftes Geschehen zu schließen. Kul-

turell einig glaubt man sich über den Grad der (Un-)Annehm-
lichkeit vieler Ereignisse zu sein – wie etwa des Verliebens, eines
Unfalls, des Auftretens einer akuten Krankheit; Letzteres dürfte
als »unangenehm« eingestuft werden – und doch: auch hier gibt
es gegenteilige individuelle Gefühlsreaktionen. In meiner Bera-
tungstätigkeit wurde ich mit einem Fall konfrontiert, bei dem es
um einen Krankenhausaufenthalt einer älteren Dame ging. Sie
war wegen diverser Beschwerden für eine Untersuchung ins
Krankenhaus überwiesen worden, dort wurde eine Brustkrebs-
erkrankung festgestellt, die man ihr mitteilte. Der anschließende
Krankenhausaufenthalt wurde von ihr durchaus als nicht unangenehm erlebt. Die betreffende Dame konnte nach dieser Diagnose bis zur Operation freiwillig im Krankenhaus bleiben und
machte davon Gebrauch. Diese Zeit des Krankenhausaufent-
halts empfand die Patientin wie einen »Urlaub von Zuhause«,
obwohl man doch glauben würde, dass diese Diagnose belasten
müsste. Doch astrologisch gesehen lief der Jupiter am Himmel
aktuell während dieser Zeit über den Punkt, der bei der Geburt
vom Aszendenten eingenommen wurde. Eine solche Konstellation nennt man einen Transit, man sagt: Jupiter transit Konjunktion Aszendent radix; der Jupiter radix steht bei dieser Dame im
9. Haus, dem Feld der Reisen und Weltbetrachtung. Diese Konstellation ist von stark expansivem Charakter, sie ist im Allgemeinen von glücklichen Gefühlen begleitet.

Wer würde bei einer solchen Konstellation an einen Krankenhausaufenthalt denken? Doch für die Betreffende war dieser
Aufenthalt im Krankenhaus ein Herauskommen aus ihrem tris-
ten, langweiligen Alltag; endlich erlebte sie auch einmal andere
Menschen. Sie wurde im Krankenhaus wie in einem Hotel um-
sorgt und stand als Kranke im Mittelpunkt der Familie, die sie
plötzlich schätzen lernte; die Tochter reiste an, der Ehemann
brachte Geschenke und Blumen, Verwandte und alte Bekannte
kamen zur Aufmunterung.

Damit will ich nochmals unterstreichen: Subjektives Erleben
zeigt das Horoskop an, nicht irgendwelche sogenannten objekti-
ven Fakten, auch keine Annehmlichkeits-Wertungen von Außen-

stehenden. Oft allerdings greifen Wertungsmuster der Außenstehenden auf den betreffenden Menschen über, dies ist bei moralischen Wertungen erfahrungsgemäß sogar häufiger und stärker der Fall als bei Erlebnisweisen. Wie unterschiedlich von dem einen und anderen eine Situation erlebt wird, sieht man auch bei der sogenannten Schadenfreude: »Was dem einen sein Leid, ist dem andern sein' Freud.« Das Erleben ist von weit subjektiverer Art als es die moralischen Wertmaßstäbe einer Gesellschaft sind, in die wir einmal hineinsozialisiert wurden. Aus letzteren ist es kaum möglich zu entfliehen; sie sind stärker einbindend in einen sozialen Kontext. Das eigene Empfinden bleibt davon weitgehend unberührt. Wenn Rudolf Steiner im Inkarnationsprozess des Menschen einen sogenannten Geistkeim von einem karmisch-individuell konfigurierten Ätherleib unterschiedet, worauf ich zurückkommen werde, dann hat dies genau mit dieser Beobachtung zu tun. Triebe und Empfindungen sind ganz subjektiver Natur, sie gehören zum individuellen Ätherleib des Menschen; allgemeine Werthaltungen einer Kultur prägen sich nach Steiner bis in die Physis eines Menschen hinein, sie werden regelrecht in ihn hineinverwoben, indem der Geistkeim sich bei der Inkarnation mit einer konkreten Familiensituation verbindet.

In einem Vortrag auf dem Astrologie-Kongress 1997 in Venedig habe ich ausgeführt, dass spannungsreiche astrologische Transite häufig deshalb als unangenehm empfunden werden, da sie den ureigensten Willen des Betreffenden stark in Erscheinung treten lassen, oft auch das höhere innere Anliegen; dabei erleben sich viele Menschen in einem inneren Konflikt mit den Konzepten und Ansprüchen, die die Umwelt und Gesellschaft an sie stellt und die sie selbst einmal akzeptiert und verinnerlicht haben. Dies bedingt das Spannungsreiche, was bei einigen Transiten in Quadrat oder Opposition zu Radix-Planeten beobachtet wird. Es handelt sich dabei um einen tiefsitzenden Konflikt in den Willensimpulsen, was zu sehr verschiedenen Reaktionen führen kann, zu inneren Blockaden genauso wie zu heftigsten Auseinandersetzungen mit der Umwelt. Und dies ist auch der Grund dafür, warum sich Transite gleichermaßen innerlich, als innere Konflikte, wie auch konfrontativ, als äußere Konflikte, auswirken können. Astrologische Aspekte sind niemals von sich aus schlecht oder schwierig; wir als Menschen sind selbst konflikthaft veranlagt, sind zu einem gewissen Anteil durchaus ein »angepasstes Gewohnheitstier« und haben darüber hinaus Ambitionen zu großen Weltentwürfen, aus denen entsprechende Taten entspringen können. Das, was individualisiert, also von den anderen Menschen unterscheidet, ist immer unangepasst. Bei spannungsreicheren Transiten wie Quadraten und Oppositionen kommt dieses Individuelle drängender zum Vorschein und wird in seiner Verschiedenartigkeit zu dem anderen bequemeren Wesensanteil deutlicher erlebt. Dabei kann man durchaus schon mehr oder weniger konflikthafte Grundveranlagungen bei Menschen unterscheiden.

Das ungebändigte unangepasste Individuelle ist ein sehr starker Grundimpuls im Menschen mit starker Triebkraft; Anpassung an die ethnische und familiäre zugehörige Gruppe setzt bei weitem nicht so viel Energie frei. Schon daraus ist erklärlich, dass bedeutende Persönlichkeiten geradezu ein starkes Konfliktpotenzial in ihrer Grundstruktur und damit auch in ihrer Radix benötigen. Sie müssen einfach quer denken können und müssen den Mut haben, neue Wege zu gehen und das bisher Unversuchte auszuprobieren und durchzusetzen. Allein aus diesem Gesichtspunkt heraus wird auch verständlich, warum solche Querdenker in der Geschichte hauptsächlich Männer waren. Frauen stand ein solch eigenwilliger Weg im Patriarchat nicht offen. Fehlende Ausbildung und Mutterschaft erschwerten einen selbstgewählten individuellen Lebensweg. So wurde der Frau astrologisch folgerichtig – zu unserer Kultur passend – der Mond als Prinzip des Instinkthaften, Angepassten zugeordnet und dem Mann die Sonne als Prinzip des individuellen Impulsgebers. Dass dies bei den wenigsten Männern voll zum Tragen kam und kommt, ist eine zweite Frage. Im übrigen zwingt diese inhaltliche Zuordnung nicht zu einem »status quo«. In der Anthroposophie werden zudem der sogenannte Lebensleib der Frau als männlich betrachtet, die Fortpfanzungsvorgänge der

Eireifung und Embryoentwicklung als der Sonne verwandt angesehen, beim Mann wird das Sperma als mondhaft angesehen, entsprechend seinem weiblichen Lebensleib.

An der astrologischen Konstellationen erkennt man das Geschlecht eines Menschen nicht, die Radix kann noch so ungewöhnlich und stark sein. Frauen hatten und haben von der Struktur her genauso – mehr oder weniger – markante Kosmogramme wie Männer. Doch kulturell standen und stehen noch immer einer Frau hohe Hürden im Weg, ihre individuelle Stärke voll zur Ausbildung zu bringen. Dass dies anders werden wird und soll, darauf verweist Steiner in dem Zusammenhang, wo er über den Wechsel von weiblicher und männlicher Inkarnation spricht (239;7;116f.). Er glaubt, dass das Geschlecht bei jeder Inkarnation eines Menschen wechsle, dass man häufig jedoch bei weltgeschichtlich wesentlichen Inkarnationen bisher nur auf die männlichen verwiesen habe; doch das werde anders werden.

»Heute, wo die Frau beginnt, die große Rolle zu spielen in der geschichtlichen Entwickelung, heute bereitet sich die Zeit vor, wo man in intensiver Weise wird zu sprechen kommen auf weibliche Inkarnationen.« (25.5.1924)

Welterlebensmuster, die als tiefliegende Grundstrukturen in unserem Organismus verankert sind, im Kopf wie im Drüsensystem, im Herzen wie in den Muskeln, könnte man als weitgehend astrologisch ablesbar bezeichnen; doch dies ist nur dann möglich, wenn wir über die Geschlechtszugehörigkeit, die historische Situation und den milieu- und kulturspezifischen Zusammenhang etwas wissen. Auf dieser Voraussetzung aufbauend kann man dann zu individuellen Deutungen gelangen, wobei diese grundsätzlich immer in verschiedene Richtungen gehen können. Konstellationen können passiv erlebt oder aktiv ausgelebt werden, können sich ethisch durchformt und triebhaft äußern – darin liegt gerade die Freiheit des Menschen verankert. Astrologisch ablesbare Strukturen wirken einerseits als Motivationen tief in unserem unbewussten Bedürfnis- und Triebleben, sind damit oft körperlicher Natur, sind als Bedürfnisse und Triebe meist unwillkürliche Regungen. Man kann sie zwar hemmen oder verdrängen, aber dadurch sind sie nicht verschwunden. Andererseits zeigt sich die kosmisch-astrologische Veranlagung auch in unseren Denkmustern; an diese ist meistens viel leichter und bewusster heranzukommen, das Denken lässt viel mehr Perspektiven zu, die Dinge der Welt zu betrachten. Es beinhaltet von vornherein mehr Freiheitsspielraum.

Im Laufe des Lebens können wir bewusst an uns arbeiten; wir müssen zudem nicht allen Bedürfnissen und Wünschen nachgehen. Doch man soll sich über die Veränderbarkeit des eigenen Wesens nichts vormachen. Etwas aus sich herausnehmen oder hinzufügen – das funktioniert nicht. Wandlung ist nur über eine jahrelange Transformation möglich. Aber wir können uns selbst bis zu einem gewissen Grade lenken, ohne uns schon bis ins Letzte gewandelt zu haben. Wir müssen nicht alles, was uns an uns nicht gefällt, in Handlung umsetzen; wir haben die Möglichkeit der Zurückhaltung und Überwindung.

Was wir von unserer Motivationsanlage oder Triebstruktur in Handlung umsetzen und was nicht, hängt vielfach von unseren ethischen Haltungen ab. Und dort ist auch die Selbstbestimmung des Menschen und damit seine Freiheit zu suchen und zu finden. Die Trieb-, Fühl- und Denkstruktur, die im Horoskop zu sehen sind, muss jeder mehr oder weniger hinnehmen. Doch er wird auch bemerken, wie groß die Möglichkeiten sind, sie im konkreten Leben umzusetzen. Sie sind allesamt Möglichkeiten, Chancen, Talente. Doch selbst darauf können wir über unsere Handlungen, Gewohnheiten und Bemühungen langfristig gesehen einwirken.

Was darf und soll man tun, was darf und soll man unterlassen? Diese Frage stellt sich jedem im Laufe des Lebens. Dabei muss man den Unterschied zwischen kulturellen Normen und eigenen ethischen Maßstäben beachten. Beides ist zwar eng miteinander verknüpft, doch es lässt sich beides auch ausdifferenzieren. Man muss die eigenen Regeln und Verhaltensmuster dazu hinterfragen, man muss verstehen lernen, warum man sich einige

Haltungen und Moralvorschriften eher zu Eigen gemacht hat als andere. Warum gefällt eine bestimmte Ideologie, was gefällt an einer Glaubenshaltung, was ist es in der eigenen Veranlagung, das manche Problemstellungen anderer Menschen für nichtig empfinden lässt? Wenn man diese tiefe innere Regelerforschung betreibt und sich zu eigenen Wertmaßstäben durchzuringen versucht, wird man sich nicht nur einmal ohne Fundament und Boden wieder finden. Solch ein Weg des Infragestellens ureigenster Gewohnheiten stellt einen Seilakt ohne Netz dar. Es gehört Mut dazu, sich zu einer persönlichen selbstverpflichtenden situationsgerechten Ethik durchringen zu wollen, ohne nach dem Anker gesellschaftlicher Normen greifen zu wollen. Denn aus den Werthaltungen der Gesellschaft wird niemand vollständig entlassen, fühlen sich doch die umgebenden Menschen diesen weitgehend verpflichtet.

Selbst dann, wenn jemand wirklich zu Herzensentscheidungen aus einer höheren liebenden Verantwortung heraus fähig geworden ist, selbst dann handelt er immer innerhalb einer Kultur und hat damit mit den kulturellen Maßstäben der anderen zu tun; dies entscheidet mit darüber, ob ich jemandem »Schlechtes« oder »Gutes« antue. Denn dies lässt sich nur am Maßstab des Mitmenschen messen, an dem ich handele.

Man könnte sich allerdings bei der Frage um das Gute und Böse gar auf einen Erzengelstandpunkt stellen und glauben, man müsse im Sinne einer höheren Evolution handeln und hätte das Recht und die Pflicht, höheren Kriterien einer Bewertung als denen der kleinen subjektiven Maßstäbe anderer gerecht werden zu müssen. Bei ethischen Unwert-Zuweisungen wandelt man allerdings an einem Abgrund – das glaube ich persönlich. Als Deutsche sollten wir um die lebensverachtenden Erfahrungen mit Unwert-Bezeichnungen wissen. Ich will hier nicht auf faschistische Vorstellungen »unwerten Lebens« eingehen, doch der Mensch scheint zu Ansätzen solcher Gedankengänge recht geneigt. Das Prinzip der grundsätzlichen Gleichwertigkeit aller Menschen sitzt durchaus nicht so fest im Bewusstsein der meisten Menschen. Religionen der Liebe, als welche ich das Christentum bezeichnen möchte, appellieren zwar als Richtschnur für das eigene Handeln an die Nächstenliebe oder warnen vor richtenden Haltungen – »Wer ohne Schuld ist, der werfe den ersten Stein!« – doch ist uns häufig nicht bewusst, dass wir Menschen werten, wenn wir es tun. Leistungsfähigkeit, Intelligenz, Erfolg – unsere Gesellschaft tendiert dazu, damit menschlichen Wert zu assoziieren. Dass wir keinen Menschen geringer als einen anderen oder uns selbst werten sollen – auch nicht den »behinderten«, das wissen wir sehr genau; doch fühlen wir auch so?

Auch kann die Gleichwertigkeit aller Menschen nicht als universal kulturell verankertes ethisches Prinzip angesehen werden. Sehr viele Kulturen kennen Kriterien einer Bewertung – ob dies am Geschlecht, der Hautfarbe oder individuellen Merkmalen festgemacht wird. Der einzelne Mensch kann und darf sich kaum auf seine Kultur verlassen, wenn er seine eigene ethische Richtschnur zu finden trachtet. Wer zur Freiheit kommen will, der muss durchaus seine eigene kulturelle Einbindung und die Maßstäbe seiner Erzieher hinterfragen. Zwar wären wir ohne eine bestimmte Kultur nicht zu Menschen mit menschlichen Verhaltensweisen geworden, doch um zu freien Menschen zu werden, dazu müssen wir wiederum unsere Kultur hinterfragen.

Wenn Sie astrologisch beraten, dann werden Sie mit solchen Fragen konfrontiert. Denn eine astrologische Beratung beinhaltet immer auch Fragen, wie sich Menschen verhalten *sollen*. Als Beratende dürfen sie keine konkreten Ratschläge geben, Sie können nur den Weg der Selbstfindung begleiten. Auch dürfen Sie die kulturellen Regeln eines Rat Suchenden nicht zerstören, wenn er nicht selbst in der Lage ist, eine eigene freie Richtschnur zu entwickeln. Wenn jemand hohe Forderungen an sich selbst stellt, dann können Sie diese gemeinsam durchleuchten, ob sie wirklich frei gewählte sind oder ob sie nicht eher einer unerlösten Eitelkeit entspringen. Es stellt für jeden Menschen geradezu einen Initiationsweg dar, die eigene Aufgabe in Freiheit wählen zu lernen. Was soll ich tun? Rudolf Steiner soll einmal auf eine solche Frage geantwortet haben, man solle dort handeln, wo einem die Notwendigkeit auffalle, dass es getan werden müsse.

Das könnte mitunter einen schweren Leidensweg bedeuten – man denke nur an einige Widerstandskämpfer im Dritten Reich; die Biografie der Sophie Scholl (Weiße Rose) hat mich tief erschüttert. Durchaus wusste sie, dass sie durch das Verteilen von Flugblättern nicht Hitler stürzen könnte. Aber sie wollte, sie musste auf das Unrecht des Dritten Reichs aufmerksam machen; hätte sie es nicht getan, hätte sie sich schuldig gefühlt; da sie es getan hatte, festgenommen und zum Tode verurteilt wurde, wusste sie auch um das Leid, das sie ihren Eltern ungewollt angetan hatte, und durchlitt die damit verbundenen Schuldgefühle. Es ist dies das bekannte klassische Dilemma, das auch in dem bekannten Antigone-Stoff zum Ausdruck kommt. Wer überpersönlich handelt, der handelt sich sehr leicht Schuldgefühle ein. Wollte man jedoch mit dem Vorsatz der Schuldvermeidung durchs Leben zu gehen versuchen – ich glaube, man würde sich selber in Handlungswidersprüchen und -unfähigkeiten zerreiben. Schon die großen griechischen Dramen sagen es uns immer wieder: Schuld ist nicht generell vermeidbar.

Heute ist Deutschland stolz auf seine Widerstandskämpfer. Sie beruhigen das kollektive Gewissen der Deutschen. Wen dürfte man von irgendwelchen Taten abhalten, der darum wüsste, dass er im Sinne eines kollektiven Gewissens handeln muss? Auch für solche Lebensentscheidungen muss eine Astrologie Platz geben und lassen. Die letzte Instanz bei allen Handlungszusammenhängen ist immer der Betreffende selbst.

Seine eigenen Affinitäten zu finden und sie in freie Handlungen zu überführen, das bedeutet Selbsterkenntnis betreiben zu müssen – ein nie endender Initiationsweg, den man astrologisch begleiten kann. Astrologie hilft, immer wieder neu Wünsche und Ziele zu hinterfragen und langsam die eigene innere Gewissensstimme zu finden – ich glaube, die gibt es. Damit meine ich nicht das kulturbedingte normative Gewissen, sondern eine wirkliche geläuterte innere Entscheidungsfreiheit. Behutsamkeit ist angesagt, wo es um das Handeln anderer Menschen geht. Da kann es vorkommen, dass jemand den leidvolleren Weg aus einer Gewissensentscheidung heraus wählen möchte – nicht den angenehmeren. Solche Entscheidungen sind immer zu respektieren; denn sie machen den Betreffenden letzten Endes zufrieden – wenn nicht sogar glücklich.

Ich gebe im Folgenden eine kleine Übersicht über Grundsätze der Beratung, die diesen Bereich betreffen:

> **Grundsätze für die Beratung, die dazu dienen, den Klienten nicht in seiner eigenen Handlungsfreiheit zu hemmen:**
>
> - Glaubensfreiheit beachten (nicht die eigene Weltanschauung aufoktroyieren)
> - nicht unnötige Schuldgefühle wecken
> - Normen aus Konventionen hinterfragen
> - Ängste hinterfragen
> - die innere Gewissensstimme unangetastet lassen (Ethik = Selbstbestimmung des Menschen)

Eine kleine Zwischenbemerkung: Wenn mich etwa jemand per Telefon kontaktiert und mich um einen Beratungstermin fragt, dann erfahre ich – auch wenn es mir unbewusst bleibt – immer etwas über dessen Sprache und Bildung; auch die Zugehörigkeit oder Nichtzugehörigkeit zu unserer Kultur hört man ganz schnell heraus. Aus nur einer einzigen Frage zur Beratung erfährt man auch sehr schnell etwas zu den Vorstellungen und Haltungen dieses Menschen. Und wenn Sie dann noch bemerken, dass jemand eine typische »Haben-Haltung« an den Tag legt – »ich will Liebe, Gesundheit, Geld, Erfolg, Kinder, Haus, Karriere haben« – dann können Sie als Astrologe/in mit diesem Vorwissen aus den Konstellationen allerdings häufig ableiten, wie das Leben verlaufen wird. Wer Erfahrung mit der Deutung von Horoskopen hat, weiß, wie verblüffend genau manchmal die vermuteten Dinge eintreffen. Doch wenn Sie dann dieses abgeleitete Vermutete demjenigen einfach mitteilen würden und es träfe dann auch noch so ein, dann hätten Sie als Astrologe/in eigentlich versagt und die Beratung wäre fehlgeschlagen. Es ist nämlich nicht der Sinn einer astrologischen Beratung, richtige Prognosen zu liefern. Vielmehr sollen wir den Menschen zu wenigstens etwas mehr Freiheit führen und ihn die Mechanismen seines »Schicksals« verstehen lehren. Damit tritt gerade nicht das »Befürchtete« ein, sondern der Klient und Sie als Astrologe/in werden einsichtig in tiefe Zusammenhänge des Lebens.

Wir alle können lernen, die Themen und Entwicklungswege des eigenen Lebens mit für einen selbst sinnvollen und somit beglückenden Inhalten zu füllen. Dass dies möglich ist, durfte ich an vielen Lebenswegen erfahren – auch an meinem eigenen.

»Kosmosophische« Gedanken zur Astrologie

In diesem Abschnitt knüpfe ich direkt an das Werk Rudolf Steiners an. Bisher habe ich versucht, verschiedene Aspekte im menschlichen Erleben aus unser aller Erfahrung herauszustellen. Zusammengefasst habe ich folgende Unterscheidungen getroffen:

1. die Fähigkeit zu sinnlichen Wahrnehmungen und zur gedanklichen Erfassung derselben,
2. die kulturellen Anteile jeder Wahrnehmung,
3. die Bedürfnis- und Triebnatur,
4. das persönliche Interpretationsmuster, das allen Eindrücken unterliegt,
5. ethische Wertungen.

Nur das, was mit den Punkten 3 und 4 angesprochen ist, lässt sich aus dem Horoskop ermitteln; das persönliche Interpretationsmuster kann im Hinblick auf individuelle Denkmuster, Fühlweisen und die Triebstruktur erkannt werden. Letztere sind ohne Enkulturation (Punkt 2) undenkbar.

Astrologisch gesehen kann man davon sprechen, dass es im Menschen bedeutungsgebende Instanzen gibt, die ein persönliches Interpretationsraster bestimmen. Damit hängt ein gewisses unbewusstes Getriebenwerden zusammen. Wenigstens der Möglichkeit nach gibt es darüber hinaus freie bewusste Handlung auf der Basis ethischen, d.h. nicht triebgesteuerten Verhaltens.

Es stellt sich nach diesen Ausführungen die Frage, wie der kosmische Zusammenhang im Einzelnen überhaupt denkbar ist. Der physikalischen Frage der Übertragung kosmischer Information werde ich im Folgenden nicht nachgehen. Hier werde ich Überlegungen Rudolf Steiners zu der Frage hinzuziehen, in welcher Weise kosmische Wirkung im Menschen in Erscheinung treten kann, also *was* im Menschen *wie* mit *welchen* kosmischen Kräften in Beziehung steht.

Es gibt kaum einen Philosophen, der zeitgemäß, das heißt mit der Erfahrung unseres heutigen Bewusstseins, detaillierte Angaben zu den kosmischen Beziehungen des Menschen macht und dabei die Astrologie ernst nimmt. Rudolf Steiners Werk stellt eine einzigartige Quelle geeigneter philosophischer Anregungen für die Astrologie dar; zudem deckt sich seine Sichtweise durchaus mit den Erfahrungen, die wir alle mit der Astrologie machen können und die ich versucht habe, hier in ihren Grenzen und Möglichkeiten darzustellen.

Blick »hinter den Spiegel« der gewöhnlichen Wahrnehmung

Wollen wir die Wahrheit einer geistigen Welt annehmen und die Astrologie auf der Basis esoterischer Überlegungen hinterfragen, dann bietet sich das Werk Rudolf Steiners als differenzierte Erkenntnislehre geradezu an. Modern mutet seine Philosophie insofern an, als sie nicht einem alten kartesischen – durch die Wissenschaft überholten – dualistischen Weltbild anhängt: hier Materie – da Seele. Als tief miteinander verwoben stellt Steiner Physisches und Geistiges im Menschen und der Natur dar, wobei in der Materie selbst für Rudolf Steiner höchste Geistigkeit zum Ausdruck kommt. Wenn er Vorgänge als »materiell« klassifiziert, dann meint er damit nie »geistlos« – ganz im Gegenteil: hohe geistige »Hierarchien« sieht er in der Materie wirken, die erst die naturgesetzliche Regelhaftigkeit bedingen.

Die Materie ist in ihrer Gesetzhaftigkeit unserem Zugriff, unserer Manipulation im Allgemeinen entzogen; wir können normalerweise nicht in die Naturgesetzlichkeit hineinwirken. Viele Vorgänge scheinen determiniert, also vorherbestimmt.

Wo aber der Mensch selbst denkt, da sieht Rudolf Steiner auf tiefster materieller Ebene undeterminierte physikalische Abläufe vor sich gehen. Was Steiner beispielsweise in dem oben erwähnten Werk »Anthroposophie als Kosmosophie« in Bezug auf die materielle Kehrseite denkender Prozesse im Menschen schildert und worauf ich im Folgenden näher eingehen will, scheint sich heute mehr und mehr durch die Quantenphysik zu bestätigen – und zwar im menschlichen Körper vor allem im Nervensystem bei der Weiterleitung von Nervenimpulsen. Allerdings bleibt Steiner nie bei solchen physikalisch-chemischen Vorgängen stehen, sie bleiben eingebettet in eine umfassende Kosmologie – von ihm häufig Komosophie genannt. So sind wir Menschen in unserer Gestalt undenkbar ohne eine Erde, die sich durch die Evolution in einer bestimmten kosmischen Situation befindet – sei es von ihrer Lage im Sonnensystem oder ihrer Zusammensetzung her, was Temperatur, Druckverhältnisse, Wasseranteil u.a. betrifft.

Zum Verständnis des Steiner'schen Werks ist wichtig, seine – heute manchmal unüblichen – Begriffe mit den richtigen, von ihm imaginativ oder auch intuitiv erfassten Inhalten zu verbinden. Das gilt nicht nur für seine Ausführungen in Bezug auf die von ihm erwähnte »Zerstäubung« oder »Zerbröckelung« von Materie, die man quantenphysikalisch erklären könnte, es bezieht sich auch auf die Begriffe »Gedanke« oder »Wille«. Aus dem Kontext muss erschlossen werden, ob Steiner etwa mit »Gedanken« die gewöhnlichen Gedanken meint im Anschluss an unsere Wahrnehmungen, also das, was ich oben unter Punkt 1 und 2 genannt habe, die gewöhnlichen, kulturell durchtränkten Wahrnehmungen, oder ob er das meint, was ich unter Punkt 3 oder 4 als unsere Triebe und »tieferliegenden gedanklichen individuellen Interpretationsmuster« bezeichne. Dasselbe gilt für den Begriff »Wille«. Meint Steiner den getriebenen unbewussten Willen, der sich unter anderem in Motivationen und Interessen äußern kann, oder den freien bewussten Willen, unsere Intentionen und die ethisch motivierten Willenshandlungen? Nur aus dem jeweiligen Zusammenhang heraus sind solche begrifflichen Fragen zu klären.

Rudolf Steiner geht zu Beginn der oben genannten Vorträge auf den Unterschied ein zwischen dem Verstehen dessen, was man sinnlich wahrnehmen und erinnern kann, und der persönlichen Bedeutung des Wahrgenommenen. Er fordert, man müsse zum Selbsterkenntnisprozess hinter den sinnlichen »Erinnerungsspiegel« blicken, der die Außenwelt zurückwerfe (207;1;19f.), diese aber auch modifiziere. Dieser Erinnerungsspiegel betrifft offensichtlich die »normalen« Wahrnehmungsvorgänge, die allerdings schon Interpretation enthalten: »Jener lebendige Spiegel, den wir ins uns tragen, strahlt anders zurück.« (207;2;30). Die Wirklichkeit, die zurückgespiegelt wird, ist immer eine Wirklichkeit in Hinblick auf unsere menschliche Sinnesorganisation, die bereits einen Kultur- oder Sozialisiationsprozess durchlaufen hat. Wirklichkeit kann nur existieren in Bezug auf irgendeine Repräsentationsmöglichkeit, um es modern philosophisch auszudrücken. Erst hinter diesen sinnlichen Vorgängen kann man überhaupt zu dem Individuellen vordringen.

Den Wahrnehmungsprozess und unsere Vorstellungen durchleuchtet Steiner dann aber zunächst noch genauer und richtet im Verlauf seiner Überlegungen den Blick auf die Beschaffenheit der »allgemeinen« Gedankenkräfte, die für ihn »ätherischer« oder lebendiger Natur sind. Davon unterscheidet er das »individuelle« »Gedankengewebe«, das zwar auch »ätherischer« Art ist, jedoch ganz persönliche Prägung aufweist. Mit dem individuellen Gedankengewebe spricht Steiner das subjektiv unterschiedliche Interpretationsmuster eines jeden Menschen an, also das, was wir als eigentlich astrologische Ebene im Menschen ausgemacht haben. Als Kehrseite des ätherischen Gedankenlebens beschreibt Rudolf Steiner nun einen materiellen Zerfallsprozess, der die Voraussetzung dafür schafft, dass überhaupt Neuordnung oder Neustrukturierung durch unsere Gedanken oder unseren Willen in unserem Nervensystem möglich sind.

Auf materieller Ebene, also physisch betrachtet, findet nach Steiner »hinter« dem »Spiegel« der normalen Wahrnehmungen ein Vorgang von physisch-materiellem Zerfall statt. Er begleitet jedes subjektive Denken. Denken sei nur möglich, wo sich Materie in ihr Nichts auflöse, wo sie ins Chaos übergehe (207;1;21). Dies geschehe, wo »ätherische« Gedankenkräfte wirksam würden, denn sie würden im Denkprozess den materiellen Leib zerstören, Materie aufbrauchen.

Die das Leben bedingenden Ätherkräfte werden nach Steiner vor allem zur Organbildung gebraucht. Zum Denken aber würden solche »ätherischen« Lebensgestaltungskräfte im Kopf von ihrer Organbildung frei werden – nur so könne man zu der Innenerfahrung dieser »ätherischen« Gestaltungskräfte kommen, wie wir sie im Denken erleben. Mit unserem Ichbewusstsein, das nicht materiehaft sei, könnten wir die ätherischen Gestaltungskräfte erfassen – als Denken. Auch könnten wir willensmäßig in unser Denken eingreifen, was mit der Undeterminiertheit der sich auflösenden Materie zusammenhinge.

Diese Ausführungen Rudolf Steiners zur Undeterminiertheit der Materie sind sehr interessant; denn hier sagt er deutlich aus, dass ein freies Ich-bewusstes Denken nur über eine Auflösung von naturgesetzlicher materieller Regelhaftigkeit möglich ist, die ins Chaos übergegangene Substanz zu seiner Voraussetzung hat. Solche Gedanken stehen durchaus in Einklang mit der heutigen Quantenphysik und Chaostheorie. Man weiß heute, dass kleinste Materieteilchen nicht mehr durch »übliche« Naturgesetze determiniert sind. Im Bereich der Elektronen geht Materie in Energie über und umgekehrt – undeterminiert. Dadurch entsteht eine gewisse Freiheit. Unplausibel ist nicht, dass sich darin die Kehrseite der Gedankenkräfte zeigt, dass diese Undeterminiertheit das Fundament für eine freie Geistigkeit darstellt.

Nach Rudolf Steiner sind – wie schon erwähnt – die Gedankenkräfte, die auch Lebenskräfte darstellen, »ätherisch«. Der ätherische Lebensleib, den jeder belebte Körper – auch die Pflanze – besitze, trage das Charakteristikum bildhafter Strukturen und Gestaltformen, die mit den Tierkreiskräften in Verbindung stünden. Steiner betont damit an den Gedankenkräften deren kosmische Herkunft und zwar insbesondere in Bezug auf den Tierkreis. Die Tierkreiskräfte sind es, die für alle Gestaltformungen lebendiger Körper verantwortlich sind und die ätherische Kräfte für das Denken liefern.

Das Besondere am Lebensleib oder Ätherleib des Menschen im Vergleich zu dem anderer Lebewesen sei jedoch, dass jener von spezifischen Gedankenkräften durchzogen werde, die eine gewisse Konfigurierung zeigten, und diese ätherischen Gedankenkräfte seien karmisch bedingt. Die Konfigurierung bedingt nach Steiner ein individuelles Denkmuster in etwa dem Sinne, wie ich es vorher als »persönliches Interpretationsmuster« beschrieben habe, das zudem von allen Werthaltungen einer Sozialgemeinschaft durchsetzt ist. Dieses angeborene individuelle Gedankengewebe des Menschen sei nicht nur von allgemeinen Tierkreiskräften geprägt, es sei planetarisch durchformt. Da Gedankenkraft nach Steiner zerstörend auf den physischen Leib, die materielle Grundlage des lebendigen Körpers (dies ist übrigens nicht so während des Schlafens) wirke und Materie »zersplittere«, sei dort auch eine willensmäßige Einwirkung möglich.

Steiner betont immer wieder, wie wichtig die Kenntnis dieser Dinge sei – gerade auch die Kenntnis des materiellen chaotischen »Zerstörungsherds«, dem der Gedanke im Ätherleib als Kehrseite unterliege; denn darin könne das Ichbewusstsein des Menschen zur Freiheit gelangen. In den dort frei werdenden irrenden Trieben und Instinkten könne es sich »stählen« (207; S. 25), da hinein müsse das Ich ethische Impulse tragen, dann werde der Mensch sich höherentwickeln können. Das Böse sei nur nach außen geworfenes inneres Chaos. (S. 26). »Und dann eben, wenn wir tiefer in unser Inneres hineinsehen, wenn wir hinter den Erinnerungsspiegel sehen, dann erblicken wir ... eine Art Zerstörungsherd.« (207;2;30)

> »In diesem Zerstörungsherd ... wird die Materie wirklich vernichtet. Sie wird in ihr Nichts zurückgeworfen. Und dann können wir innerhalb dieses Nichts, das da entsteht, das Gute entstehen lassen, wenn wir statt unserer Instinkte, unserer Triebe, die nur zur Ausbildung der Egoität wirken müssen, durch moralische Seelenverfassung alles das hineingießen in diesen Zerstörungsherd, was

> moralische, was ethische Ideale sind. Dann entsteht ein Neues,
> Dann entstehen eben gerade in diesem Zerstörungsherde die Kei-
> me für künftige Welten.« (207;2;31)

Für Steiner ist der Reinkarnations-Gedanke Realität. Die Gedankenstruktur betrachtet er gewissermaßen als ein Ergebnis
der Willenskräfte früherer Inkarnationen. Insofern ist die individuelle ätherische Denkstruktur des Menschen etwas angeboren
Karmisches. Sie ist prägend für das ganze Leben, beinhaltet aber
doch eine gewisse Freiheit. Freiheit und Ethik können durch das
Ich gerade auch im Bereich der unbewussten Triebe und Instinkte verwirklicht werden, die nach Steiner aus der und durch die
zersplitternde Materie als Folge des Gedankenlebens ins Chaotische übergehen.

Die persönliche karmische Konfiguration des Ätherleibs und
das damit verbundene persönliche Interpretationsmuster hat
also nach Steiner als Kehrseite materiellen Zerfall zur Folge,
»Zersplitterung« von Materie, Chaos, was Undeterminiertheit
beinhaltet und neue Ordnung möglich macht. Meiner Auffassung nach müssen in dieser Kehrseite aber auch ganz bestimmte
Formationen oder Abläufe von materiellem Zerfall auszumachen sein. Die materielle »Zersplitterung« wird ja offensichtlich
gesteuert von den angeborenen ätherischen Gedankenmustern.
Das hieße aber, dass die chaotischen irrenden Triebe und Instinkte auch Muster zeigen könnten als Kehrseite der geformten
gedanklichen Ätherkräfte. Denn astrologisch scheint es so, dass
durchaus auch die triebhaften chaotischen Neigungen in einer
Geburtskonstellation sichtbar werden.

Mit »Mondenwirkung« bringt Rudolf Steiner die Zersplitterung der Materie in Verbindung (207;3;44). Materie-Zerfall sei
auch für die Reproduktion oder Fortpflanzung des Menschen
wichtig, weil materiell undeterminiert sein muss, was sich für
neue Keime öffnen soll. Überall wo als Gedanken- oder Gestal-
tungsmuster geformte Ätherkraft wirksam werde, da müsse Materie in einem chaotischen Zustand sein. Dies muss selbstver-

ständlich auch dort der Fall sein, wo sich neues menschliches Leben eine physische Grundlage sucht, also in den Keimdrüsen und bei der Befruchtung.

Das »Sprießen« von physischer Materie verbindet Steiner mit den solaren Kräften, was im Wachsen einer befruchteten Eizelle zur Wirksamkeit komme. Sonnenhaft ist nach einer das kosmisch Befruchtete, das »Sprießen der Materie« (207;2;46), das zudem immer auf einen organischen Mittelpunkt hin zentriert sei – was, nebenbei bemerkt, auch im Atomaufbau zum Ausdruck kommt. Die mondhafte Zerbröckelung der Materie vertrage dagegen keinen Mittelpunkt (207;2;44). Jedem Neuaufbau von Materie muss solch eine »Zerbröckelung« vorausgehen, sonst kann sich nach Steiner nichts neu formieren und gestalten. Wenn Steiner hier von Monden- oder Sonnenwirkungen spricht, dann meint er immer geistige Kräfte und nicht eine irgendwie geartete materielle Strahlung. Es sind »Ätherkräfte«, durch die nach Steiner die in den Körper hineinkommende Materie – aufgenommen über die Ernährung oder die Atmung – direkt zu Formationen gestaltet wird; Ätherkräfte bewirken dann die Organbildung.

Das Wachsen und den Stoffwechsel können wir nicht innerlich bewusst erleben. Der Grund dafür sieht Steiner darin, dass im Stoffwechsel die Ätherkräfte ganz im Materiellen wirksam seien. Das Bewusstsein kann nicht in diesen Bereich eindringen. Organische Vorgänge laufen unbewusst ab, wir bewirken ja nicht selbst zum Beispiel unseren Herzschlag, die Leber- oder Nierentätigkeit.

Genauso wie das individuelle Denkgewebe der Zersplitterung der bereits vorhandenen Materie bedarf, die dann ins Nichts, ins Chaos, verschwindet, ist dies auch für jeden menschlichen Befruchtungsvorgang wichtig; denn zur Ausbildung eines neuen physischen Leibes müssen sich die hohen geistigen allgemeinen Ordnungskräfte, die im Materiellen leben, zurückziehen.

Steiner betont in »Menschenwesen, Menschenschicksal und Weltentwicklung« (GA 226; 1923 2.Vortrag, Ausgabe 1966), dass der »leibliche Menschenkeim« von einem »Geistkeim« durchdrungen werde, der schon bei der Befruchtung wirksam werde. Er sei schon lange vor der Befruchtungssituation ausgebildet, habe sich entsprechend der Generationenfolge aufgebaut, in die sich ein Mensch zu inkarnieren anschicke, sei somit passend zu den vererbbaren Möglichkeiten des betreffenden Elternpaars. In »Das Verhältnis der Sternenwelt zum Menschen und des Menschen zur Sternenwelt« (GA 219; Vortrag 26.11.1922, Ausgabe Dornach 1966) führt Steiner Näheres zu diesem Geistkeim aus: »Er senkt sich ein in die physischen Erdenkräfte, mit denen er verwandt ist und die vom Vater und von der Mutter kommen. Er verbindet sich mit dem Menschlichen der Vererbungsströmung. Er geht früher auf die Erde herunter als wir selbst als geistig-seelische Menschen, sodass wir noch eine wenn auch kurze Zeit in der geistigen Welt zubringen, wenn schon der Kräftezusammenhang unseres physischen Organismus auf die Erde heruntergegangen ist und als solcher in dem Menschenkeim im Leibe der Mutter lebt.« (219;1;12f.)

Dieser Geistkeim ist gemäß Steiner vorher durch alle Planetensphären gegangen und von diesen aufgebaut worden und doch ist er zu unterscheiden von dem persönlichen individuell durchformten Ätherleib eines Menschen. Steiner beschreibt diesen allgemeinen Menschenkeim im Grunde als das, was ich vorher mit Bedingungen der sozialen Umwelt in Beziehung gebracht haben, mit Familie, Milieu, Volk, Sprache, Religionszusammenhängen, Idealen einer Kultur und den Vererbungsgesetzen. Es gehört dies alles zu den konkreten Bedingungen einer Inkarnation, die nicht in einem Kosmogramm zu ersehen sind. Allerdings ist das persönliche Verhältnis eines Individuums zu diesen Bedingungen durchaus zu erkennen. Dies betrifft aber die ganz persönliche Erlebnisweise und Einstellung, die Interessen und Antriebe eines Menschen; diese offenbaren sich immer relativ zu einem Geburtsmilieu. Das konkrete Angebot der Umwelt ist in einer Radix nicht zu sehen, wohl aber die Art, wie ein Mensch das vorhandene Angebot prinzipiell filtert. Dies gehört zum ganz persönliche Interpretationswesen eines Menschen, das allerdings ohne eine allgemeine Sozialisierung des Menschen in einer Kulturgemeinschaft nicht denkbar ist.

Von dem allgemeinen Geistkeim des Menschen, der wohl im Sinne der Reinkarnationslehre für eine Geburt die geeigneten Sozialisationsbedingungen aufsucht, unterscheidet Steiner den ganz individuell durchformten karmischen Ätherleib; er wird gebildet, indem »wir die Äthermaterie aus allen Himmeln zusammenziehen zum eigenen Ätherleib« (226;2;41). Dieser enthält vor allem auch die »moralisch-geistige Wert-Wesenheit«, wie Steiner in »Kosmologie, Religion und Philosophie« (GA 25; 1922; Dornach 1979; S.87) diesen Ätherorganismus beschreibt. Dieser individuelle Ätherleib, der sich in den ersten drei Wochen nach der Befruchtung bilde (GA 226;2;40) – gemäß der karmischen Situation nach dem Tod des vorangehenden Erdenlebens –, beinhaltet vor allem die persönlichen Antriebe und Gedankenmuster. Der geistig-seelische Mensch, der sich noch nicht mit dem Embryo verbunden habe, gliedere sich diesen Ätherleib mit der »Wert-Wesenheit« ein, »als den Bildner seines Schicksals, das er … während des folgenden Erdenlebens in Freiheit erleben kann.« (GA 25;10;87). Immer wieder taucht bei Steiner das Freiheitsmoment auf, jedoch in unmittelbarem Zusammenhang mit einer karmischen Vorprägung. Der Mensch besitze als einziges Lebewesen ein karmisch vorgeprägtes ätherisches Gedankengewebe, er könne an frühere Leben anknüpfen. Als Folge aber trete durch die Präkonfigurierung des Äthers und die Freisetzung des Äthers aus der Materie im Gedankenleben des Menschen eine Trieb- und Instinktverwirrung ein.

Das menschliche Nervensystem enthält in einem ganz ausgeprägtem Maße eine freilassende Komponente, das kann man heute wissenschaftlich untermauern. Die komplizierte Übertragung der Nervenimpulse an den Synapsen, das Eingreifenkönnen des Willens in den gesamten Bewegungsapparat mag dazu die physische Entsprechung sein. Will man die »materielle Zersplitterung«, von der Steiner spricht, mit den heute erkannten quantenphysikalischen undeterminierten Vorgängen in Beziehung setzen, wie sie auch an den Übertragungsstellen im Nervensystem zu beobachten sind, dann dürfen diese nicht mit dem Geistigen selbst verwechselt werden. Das wird in vielen esoterischen Richtungen – anders als bei Steiner – heute nicht sauber auseinander gehalten, wo man in den Quanten selbst die Seele und den Geist zu entdecken glaubt. Was wir in der Quantenphysik entdecken, muss nach Steiner offenbar die chaotische – und damit geistlose – Kehrseite ätherischer Bildekräfte sein.

Wenn die Quantenphysik heute vom »Schmetterlingseffekt« spricht, also von kleinen Effekten, die ein System zur Änderung veranlassen, wenn sogar schon geringste Re- oder Absorptionen von Elektronen im Nervensystem mit Hilfe des Hormonsystems durch unser Wollen veranlasst werden können, dann wirkt tatsächlich der kleinste menschliche Impuls, die geringste Handlung »bildend«. Viele unserer Handlungen laufen aber unbewusst ab, sie werden gesteuert von angeborenen Mustern – gemäß unserer angeborenen astrologischen Struktur, durch die wir aus dem Angebot der Umwelt bestimmte »Varianten« für uns suchen und verinnerlichen.

Die karmisch vorgeprägte ätherische Struktur bewirkt nach Steiner Freisetzung von chaotischen Kräften, welche die Möglichkeit der Einflussnahme erst bedingen, und diese bedeutet für den Menschen Freiheitskräfte. Dagegen sind in der Organbildung des Körpers die ätherischen Bildekräfte physisch gebunden, hier hat der Mensch keine Innenerfahrung, aber im Kopf können sie frei werden und als Gedanken innerlich erlebt werden. Doch auch schon die erste embryonale Organbildung setzt nach Steiner chaotische Materie voraus, sonst könnte eine persönliche Konfigurierung gemäß den Vererbungsströmen des passenden Elternpaars nicht geschehen. In den Organen werden zwar die ätherischen Bildekräfte des Tierkreises allgemein wirksam – entsprechend der Gattung Mensch – doch auch hier tragen sie beim Menschen eine persönliche planetare Note, betont Steiner.

Genauer geht Steiner darauf in »Esoterische Betrachtungen karmischer Zusammenhänge Band V« (GA 239; 16 Vorträge 29.3. bis 15.6.1924; Dornach 1985; vor allem Vorträge 6 bis 9; S. 90–152) ein, wo er den nachtodlichen bzw. vorgeburtlichen Durchgang des menschlichen Ichs durch die Planetensphären sehr ausführlich schildert. Hier spricht er auch davon, dass die vererbungsmäßige Konstellation und die konkrete Familiensituation schon karmisch zu betrachten sei, wobei dieses Karma bei verschiedenen Menschen von unterschiedlichen Planetensphären (Merkur, Venus, Mars, Jupiter, Saturn) oder der Sonne vorrangig geprägt werden könne. Der Mond wird als Begrenzung der Erdsphäre gesehen, hier bildet sich der individuelle Ätherleib aus, der auch Einfluss auf das Geschlecht nimmt, indem er den Körper zur gegengeschlechtlichen Ausbildung anregt. Das bedeutet, dass der männliche Ätherleib einen weiblichen, der weibliche einen männlichen Körper ausbildet.

Interessant ist, dass nicht nur einzelnen Planeten ein karmischer Einfluss zugesprochen wird, sondern dass jeder Planet das Karma eines Menschen vorrangig prägen kann. Bei dem einen ist es die Venus, bei einem anderen der Jupiter. Jeder Planet kann somit karmisch wirksam werden, doch bei jedem Menschen ist dies individuell unterschiedlich. Der Geistkeim, der also vor allem vor und zu Beginn einer Schwangerschaft die physischen Bedingungen steuert, ist schon planetar vorgeprägt.

Demgemäß – so muss man folgern – sind die planetaren Rhythmen tief in der allgemeinen biologischen Grundstruktur des Menschen veranlagt. Die sich heute allmählich durchsetzende Chronobiologie verträgt sich mit Steiners Überlegungen in hohem Maße. Auch astrologisch kann man zeigen, dass allgemeine Entwicklungsphasen des Menschen, die z.B. Piaget als »genetisch« bezeichnet hat, mit kosmischen Rhythmen zu tun haben, worauf ich mehrfach in Vorträgen (z.B. Luzern 1992) eingegangen bin. Individualastrologisch betrachtet zeigen die allgemeinen Entwicklungsrhythmen wiederum eine ganz persönliche Note, etwa durch das unregelmäßige planetare Umlaufverhalten einzelner Planeten (vgl. Uranus, Neptun, Pluto). Körperliche Entwicklungen sind aber innigst mit individuellen Bedürfnissen und seelischen Reifungsprozessen verbunden. Insofern sitzt das individuelle Interpretationsmuster, das Rudolf Steiner mit dem karmischen Ätherleib in Beziehung bringt, direkt auf dieser familiären Vererbungssituation auf, es hängt engstens mit den körperlichen Reifungsstadien zusammen.

Vor allem im Kopfbereich könne die ganz persönliche Konfiguration des Ätherleibs beobachtet werden, betont Steiner – dies als Denkweise, als unsere persönliche Weltdeutung, unser Interpretationsmuster. Das Ich eines Menschen, das nach Steiner nicht in der Materie lebt, kann im Kopfbereich die vorgeburtlich strukturierten Ätherkräfte regelrecht als Gedanken wahrnehmen; aber es kann sie selbst beeinflussen und dies bedeutet Freiheit.

Immer wieder betont Steiner, dass mit dem gewöhnlichen Bewusstsein diese Dinge nicht erfasst werden könnten. Um hinter den Erinnerungsspiegel der normalen Sinneseindrücke zu gelangen, sei *Imagination* notwendig. Nur so könne man an die urbildhaften Bildekräfte der Gedanken im Körper herankommen und könne auch ihre Kehrseite, das Trieb-Chaos, im Zersplittern der Materie wahrnehmen. Im Moment des Träumens, das unter dem normalen sinnlichen Vorstellungsleben liege, da käme man an die Bildekräfte des Äthers heran, da wirkten sie unwillkürlich. Beim Aufwachen könne man vor allem auch das innere persönlich individuelle Denkgewebe bemerken, das aus dem vergangenen Karma verursacht sei (207;3;58), wenn man die Fähigkeit der Imagination schule.

Aus all dem lässt sich folgern, dass wir die astrologische Ebene des Menschen, also das, was wir durch die Erfahrung in einem Geburtshoroskop glauben erkennen zu können, mit dem individuellen ätherischen karmischen Wesen des Menschen in Verbindung bringen können – dies jedoch in seinem innigsten Zusammenhang mit der Physis und dem planetar vorgeprägten Geistkeim des Menschen. Nach meiner Erfahrung »stehen« zwar die Familienverhältnisse, die Generationenfolge oder die genetischen Bedingungen nicht in einer Radixkonstellation, also gerade das, was Steiner mit dem »Geistkeim« des Menschen anspricht, doch sind die zeitlichen Reifungsprozesse des Menschen, also die chronobiologisch veranlagten planetaren Rhythmen, die Grundvoraussetzung für eine individuelle Gestaltung des Lebens. Der »Geistkeim« stellt eine Art Voraussetzung dar, dass sich überhaupt eine individuelle karmisch-kosmische Konfiguration der Physis angliedern oder mit ihr verbinden kann und so auf den menschlichen Lebensweg einwirkt. Mit diesem Ätherwesen des Menschen ist der gesamte Bereich des persönlichen Erlebens und der Wertungen verbunden.

Mit dem individuellen Ätherleib begründet Steiner immer wieder die Möglichkeit zur Freiheit im Menschen; er bringt diese mit der Christuswesenheit in Verbindung, die er als geistiges Sonnenwesen beschreibt, das dem Menschen in seinem Ich-Bewusstsein Freiheitskräfte bereitstelle. In »Kosmologie, Religion und Philosophie« spricht Steiner den Unterschied zwischen einem ätherischen Leib, der noch keine Freiheit beinhaltet, und einem durchchristeten Ätherleib genau an: Vor dem »Mysterium von Golgatha« habe der Mensch seine »Wert-Wesenheit« der eigenen Seele eingegliedert, »um sie zur Grundlage seines schicksalsmäßigen (kosmisch bestimmten) folgenden Erdenlebens zu machen«, doch heute könne der Mensch durch das »Aufnehmen der Kraft, welche der Seele aus dem anschauenden und tätigen Gefühls-Miterleben des irdischen Christuslebens und des Mysteriums von Golgatha erwächst, eine ganz besondere Fähigkeit zur Freiheit erringen.« Das moralisch-geistige Wertwesen als Bildner des Schicksals könne der Mensch »dadurch während des folgenden Erdendaseins in Freiheit erleben« (25;10;87).

Zur ethischen Freiheit und Entwicklung des Ichs

Zwei unterschiedliche kosmische Kräfteeinwirkungen verbindet Steiner mit dem »ätherischen« Keim des Menschen: zum einen die allgemeinen belebenden und bildenden Gestaltungskräfte, die er mit dem Tierkreis und dem Sonnensystem verbindet, zum anderen die persönlichen karmischen Gedankenmuster. Im »Mondenbereich« (226;2;39), also in der sublunaren Welt, wie Kepler die irdische Welt unter dem Monde nennt, bilde sich dieser karmische Ätherleib nach der Befruchtung aus, indem

»aus aller Welt die geeigneten Ingredienzien des Weltenäthers« (ebd. S.39/40) zusammengezogen würden. Mit »im Mondenbereich« meint Steiner »eine vergrößerte Erde«; »wir fühlen gar nicht den Mond als nur einen Körper, sondern wir fühlen die ganze Sphäre als eins, die Mondenbahn nur als das Ende der Sphäre; die Erde einfach vergrößert wie bis zur Mondensphäre hin und geistig geworden.«(GA 239; 8; 131). Der Mond umläuft die Erde als ihren Trabanten, seine Umlaufbahn hat die Erde als Zentrum.

Steiner betont immer wieder, dass sich Christus mit dieser Erdensphäre verbunden habe und dass diese seit dem »Mysterium von Golgatha« einen geistig sonnenhaften Einschlag besitze. In »Esoterische Betrachtungen über das Karma der einzelnen Menschen und in der Menschheitsentwicklung« (GA 240) bezeichnet er das, was Christus, das hohe Sonnenwesen, in der Erdensphäre zurückgelassen habe als den »Lebensgeist Christi«. Aus der »Theosophie« (GA 9) erfahren wir, was solch ein »Lebensgeist« ist; für den vergeistigen Menschen wäre es der verwandelte oder vergeistigte Äther- oder Lebensleib, für das Sonnenwesen stellt es also dessen Lebensleib dar: »In ähnlicher Weise, wie man von einem Ätherleib spricht, muss man daher von einem Äthergeist in Bezug auf den Geistesmenschen sprechen. Dieser Äthergeist sei Lebensgeist genannt.« (vgl. GA 9; TB 1978, S 44ff.).

Hier, in diesem Mondenbereiche, habe der Mensch nach dem Tod seines vorherigen Lebens ein »Päckchen« hinterlassen, das »die moralische Wertigkeit« darstelle.

> »Christus ›starb von der Sonne‹, er starb kosmisch von der Sonne zur Erde herab, er kam zur Erde herunter. Von dem Momente von Golgatha ab war auf der Erde zu schauen dasjenige, was sein Lebensgeist war. Wir lassen den Lebensäther, den Ätherleib, den Lebensleib zurück nach dem Tode; nach diesem kosmischen Tode ließ der Christus den Geistesmenschen auf der Sonne zurück, und im Umkreise der Erde den Lebensgeist. Sodass vom Mysterium von Golgatha ab die Erde von dem Lebensgeiste Christi wie von einem Geistigen umweht war.« (GA 240, 27.8.1924)

»Individuell werden wir eben nach unserem Karma, nach dem, wie wir unser Päckchen in den Ätherleib hineinverweben müssen, der dann schon, während wir noch im embryonalen Zustande sind, individuell unseren physischen Leib gestaltet, konstituiert, durchdringt« (GA 226;2;40). Diesen Ätherleib nennt Steiner auch einen »Zeitleib« (226;2;15), denn er »verbindet den Zeitpunkt des Eintrittes ins Erdenleben mit dem Zeitpunkte, in dem der Betreffende gegenwärtig ist ... Nur dadurch, dass wir in den Ätherleib hineingehen, bevor wir in den physischen Leib hineingehen, passen wir uns an das Alter des physischen Leibes an. ... Er spiegelt zurück, indem durch den Ätherleib die Spiegelung vermittelt wird, immer von dem betreffenden Zeitpunkt, in dem der physische Leib lebt, den Spiegelpunkt des wahren Ichs.« (226;1;14) Wir erleben damit immer ein zeitgeprägtes Ich. Das eigentliche Ich ist dieses jedoch nicht, es taucht nach Steiner nie ganz in die menschliche Physis ein. Das zeitgeprägte Ich ist das von der Physis gespiegelte Ich, das in seinem höheren Dasein eigentich zeitlos sei. Im Alter könne das Ich deshalb alt erscheinen, weil es vom gealterten Körper so zurückgespiegelt werde (226;1;15): »Aber dass das Ich, das eigentlich nur das Spiegelbild des wahren Ichs ist, sich auch als alt zeigt, kommt nur davon, dass der Spiegelungsapparat nicht mehr so gut ist, wenn wir mit dem physischen Leibe alt geworden sind.« (16.5.1923)
Diese Ausführungen Steiners erklären recht gut die Beobachtung, dass wir uns selbst unterschiedlich im Laufe des Lebens erleben, obwohl doch unser Selbstidentitätsgefühl aufrecht erhalten bleibt. Die Zeitgebundenheit des Erlebens bringen wir in der Astrologie mit den sich verändernden Konstellationen in Zusammenhang. Dies wird gemäß Steiners Angaben vom Ätherleib übermittelt. Die konkreten körperlichen Umstände sehen wir in der Astrologie nicht, wohl aber die persönliche Befindlichkeit, das Erleben der Körperlichkeit und die Art der Selbsterfahrung. Was wir auch nicht sehen, ist der konkrete Entwicklungsweg des Menschen, seine ethische Bildung im Laufe des Lebens; sie beeinflusst jedoch ebenfalls, wie und als was wir uns

selbst wahrnehmen, ob wir uns Vorwürfe machen, das Gefühl haben, etwas verpasst zu haben, oder zufrieden auf das gelebte Leben zurückblicken.

An dieser Stelle gehe ich auf die Neigung und Fähigkeit des Menschen ein, Wahrnehmungen und Handlungen zu bewerten, vor allem moralisch zu werten. Wenn man die menschliche Erlebnisweise des Wollens hinterfragen möchte, also das, was Handlung werden will, dann kommt man nach Steiner normalerweise nur an die Vorstellungen heran, nach denen sich das Wollen orientiert. Man kann den Willenskräften, die intendierte Handlungen veranlassen, nicht direkt nachspüren, man kann sie nicht unmittelbar erleben, wie man etwa Gedanken erleben kann. Man könne nur Vorstellungen (207;3;55f.) wahrnehmen, die dann im Gefühlsleben Sympathie für die gute Handlung und Antipathie für die böse Handlung aktivieren können. Diese Gefühle nennt Steiner »astralisch«, es sind Bewertungs-Gefühle. Sie entwickelten sich vor allem während des Schlafens. Im Einschlafen nähmen wir unsere Intentionen mit in den Schlaf hinein, sie würden dort unbewusst einer Bewertung unterzogen, aus dieser würden dann Gewissensbisse und Zufriedenheitsgefühle erwachsen.

Interessant ist in diesem Zusammenhang, wie Steiner schildert, dass im Schlaf der Mensch eine »Zweiheit« sei, eine astralische Ichwesenheit und eine physisch-ätherische Leibesorganisation, die beide kosmische Einwirkungen erführen: das Ich erlebe den Kosmos in seiner höheren Geistigkeit, der physische und ätherische Leib aber als deren physisches Abbild in Form der Planeten und Sterne (219;3;47). Nur das Ich mit seinem astralischen Leib erlebe im Schlaf moralische Bewertungen, während die physisch-ätherische Organisation regeneriere; denn das Ich schlafe nicht, es verlasse vielmehr im Schlaf den schlafenden Körper. Doch beim Aufwachen vergesse es wieder seine Erlebnisse, allerdings sei im Aufwachen das Karma des jetzigen Lebens kurz wahrnehmbar, wenn man sich in solcher Beobachtungsfähigkeit geübt habe. Dieses Karma hat mit einer ethischen Bewertung zu tun.

Was das Moralische betrifft, so unterscheidet Steiner schon in Hinsicht auf das Ätherische zwei unterschiedliche Erlebnisweisen. Das spiele vor allem bei der Wiederverkörperung eine Rolle, die Steiner parallel zum Aufwachen betrachtet. Der Mensch könne, wenn er in die irdische sublunare Welt eintrete, nur »eine Seite des Ätherischen« erleben (219;1;23):

> »Das Ätherische ist ausgebreitet innerhalb der ganzen Planeten- und Sternensphäre. Aber in dem Moment, wo sich die himmlischen Fähigkeiten in irdische Fähigkeiten verwandeln, verliert der Mensch das Erlebnis der kosmischen Moralität. ... Wenn wir hier auf der Erde vom Äther sprechen, in dem wir zunächst leben, wenn wir uns der Erde nähern, um dann geboren zu werden, da sprechen wir vom Äther so, dass wir ihm allerlei Eigenschaften zuschreiben. Aber das ist nur die eine Seite des Äthers. Die andere Seite ist die, dass er eine moralisch wirkende Substanz ist, dass er von Moralimpulsen überall durchsetzt ist. Wie er vom Licht durchsetzt ist, so ist er von Moralimpulsen durchsetzt. Die sind im irdischen Äther nicht vorhanden.« (219;1;23)

Dass die kosmisch-astrologische Veranlagung eines Menschen, die nach Steiner ätherischer Natur sein muss, keine ethischen Einstellungen offenbart, wird daraus erklärlich; die ethische Entwicklung eines Menschen ist nicht in ihrem Erleben determiniert. Dennoch mag die kosmische Menschenveranlagung insgesamt moralisch impulsiert sein – bis in das Physische hinein; doch im Verhalten und in den Handlungsweisen ist der Mensch moralisch nicht vorbestimmt. Neigungen zu Fehlverhalten werden zwar in einem Kosmogramm sichtbar, doch des Menschen ethische Ausrichtung, Bildung und Entwicklung ist offen. Insofern ist eine astrologische Konstellation, die im Grunde eine ätherische Konfiguration zeigt, moralisch indifferent; fragt man jedoch nach dem Zustandekommen dieser Konstellation, so ist sie nach Steiner moralisch impulsiert. Bis in muskuläre und organische Veranlagungen hinein wirkt demgemäß eine im früheren Leben entwickelte Moralität, doch sie bleibt dem Menschen unbewusst, wie überhaupt die gesamten organischen Abläufe unbewusst ablaufen.

Auch bei der vom Willen gesteuerten Handlung können die körperlichen Vorgänge selbst vom Menschen nicht wahrgenommen werden. Das nicht leibgebundene Ich erlebt sich als von außen auf sein Handlungs-, Bewegungs- oder Muskelsystem einwirkend; die Vorgänge im Muskelsystem (dem Willenssystem) selbst bleiben dabei völlig unbewusst. Wir können keine Vorgänge beobachten, wie es etwa zu einem Armheben kommt; wir wollen mit unserem Ich, dass wir den Arm heben, und der Körper tut es. Dies erklärt Steiner damit, dass im Wachzustand das Ätherische und Astralische gänzlich mit dem Bewegungssystem des Menschen verbunden seien. Handlungen werden innerlich nicht bewusst durchgeführt, nur von außen von Gang gesetzt.

Im Schlafen aber nehme das Ich das Astralische mit sich fort, trenne sich vom Körper. Damit ist der lebendige Körper sich selbst mit seinen regenerierenden Ätherkräften überlassen. In der »geistigen Welt« erlebe das Ich über seinen »Astralleib« Bewertungsgefühle. Im Wachzustand dagegen stecke der Astralleib ganz im Bewegungssystem drinnen – wir spüren in unseren Muskeln keine Bewertungen. Aber in den Kopfteilen, in denen sich das Denken abspielt, und auch beim Fühlen, im rhythmischen System und in der Drüsentätigkeit, da ist nach Steiner das Astralische nicht physisch gebunden, da bleibt es mit dem Ich verbunden. Dies können wir als Ursache für einige unserer Gedanken und Gefühle des ethischen Bewertens ansehen, die wir alle kennen, sei es in Form von Überlegungen über das Richtige und Gute oder in Form von schlechtem oder gutem Gewissen, sofern dieses nicht nur ein »anerzogenes« Gewissen ist, sondern hinterfragt wurde. Das reicht auch von (astralisch bedingten) Aversionen zu bestimmten Verhaltensweisen bis zu Gefühlen der Hochschätzung oder der Anerkennung anderer Menschen (208;2;107) – um nur einige Beispiele zu nennen.

Astrologische Faktoren betreffen vorrangig das Ätherische, also karmische Muster oder unhinterfragte Neigungen zu

Schuld- und Minderwertigkeitsgefühlen, nicht die wirkliche »innere Stimme«, zu der man sich vorarbeiten muss, die man herausschälen muss – aus all den verwirrenden äußeren Beeinflussungen und inneren Befürchtungen und Hoffnungen. Meine astrologische Erfahrung hat mir immer wieder bestätigt, dass die ethische Haltung eines Menschen nicht im Horoskop steht; oder einfacher ausgedrückt: Die Entscheidung zum guten oder schlechten Handeln eines Menschen hat nichts mit dem Horoskop zu tun. Auch wenn man Neigungen zu verschiedenen Trieb- oder Instinktverirrungen sehen kann, also das innere Chaos, von dem Rudolf Steiner im Zusammenhang mit der Aufsplitterung der Materie spricht, dann ist damit noch nicht entschieden, ob man diesen freien Lauf lässt oder ethisch durchdringt.

Dass allerdings der karmische Ätherleib, der in seinem Werden moralisch impulsiert ist, tief mit dem wollenden Ich und dem eigenen »astralischen« Wertempfinden verknüpft ist, darauf hat Steiner wiederholt hingewiesen, indem er »das Päckchen, das die moralische Wertigkeit« des letzten Lebens enthält, als etwas beschreibt, das sich nach der Zeugung nicht nur in den Ätherleib des Menschen verwebt, sondern gerade auch »in sein Ich« und »in seinen astralischen Leib« (206;2;40). Dies bedingt durchaus, dass man die eigenen tief verankerten Lebensanliegen fühlen kann, zu denen man sich gedrängt fühlt, ohne dass diese etwa einer bewussten freien Entscheidung unterzogen worden wären oder gar ethisch hinterfragt worden wären. Es sind angeborene Motivationen für bestimmte Aufgaben. Doch erst dann, wenn diese bewusst in Bezug auf ihren Stellenwert im eigenen Leben und im Leben der Mitmenschen hinterfragt werden, kann man ihnen Freiheitsmomente zubilligen. Aufgabenstellungen können nur dann im Sinne eines frei Gewollten wirksam werden, wenn sich der Mensch hierin verstehen und finden kann und sie als Ich-gemäß erkennt.

Was es karmisch bedeutet, aus Freiheit heraus eigene Ziele erkennen zu können, erörtert Steiner vor allem in Bezug auf ihre Zukunftswirkung hin; von den frei gewollten Handlungen sieht er letztendlich eine Kraft ausgehen, die das »werdende Karma« formen (207;3;60f.). Wenn man nach Steiner im Gefühl das aktiviert, was Handlung werden will – etwa, indem man Begeisterungsgefühle für das innerlich Erstrebte entwickelt, dann kann man ihm zufolge zu Imaginationen über das werdende Karma kommen. Dieser Bereich gehört in das Feld der persönlichen bewussten Wertungen und ist insofern nicht astrologischer Natur.

Leider gibt es astrologische Bücher, die vorgeben, das Horoskop des zukünftigen Lebens ausrechnen zu können, was nach diesen Überlegungen nicht möglich sein kann. Sicherlich mag der Todesmoment eines Menschen in einem sinnvollen Zusammenhang zu dem gelebten Leben stehen und zu diesem mag auch eine zukünftige Geburtskonstellation eine astro-logische Beziehung haben, doch wenn wir hier von Geburtshoroskopen oder Radices ausgehen, dann kann allein auf Grund dieser nichts über frühere oder zukünftige Kosmogramme geschlossen werden. Aus einer Radix ist nicht erkennbar, welche spirituelle Persönlichkeit eigentlich hinter ihr steht, welches Ich sich in dieses kosmische Muster eingekleidet hat. Allein aus Berechnungen lässt sich dies nicht erschließen – darauf will ich an dieser Stelle nochmals deutlich hinweisen. Ohnehin geht dies schon aus dem Beispiel der Vierlingsgeburt hervor, die ich zu Anfang erörtert habe.

Rudolf Steiner hat ausführlich dargelegt, wie ein Inkarnationsweg vorstellbar ist, er schildert in vielen Einzelheiten den Zusammenhang zu den kosmischen Verhältnissen. Doch im Anschluss daran warnt er in »Esoterische Betrachtungen karmischer Zusammenhänge« vor jeglicher Prinzipienreiterei, die den Einzelmenschen aus dem Blick verliert und mechanistische Vorstellungen entwickelt. Um karmischen Zusammenhängen eines Lebens nachzuspüren, muss immer vom Individuum selbst ausgegangen werden; keine Konstellation und keine Berechnung können im Einzelfall Aufschluss über die Umstände einer Wiederverkörperung geben. Dazu die folgenden Ausführungen: (239;12;190f.):

»Nun ist das, was ich auseinandergesetzt habe, die Regel, aber im Geiste ist alles individuell. Regeln haben ihre Bedeutung, aber nicht so, dass wir sie als Prinzipien ansehen dürfen. Wer ein Prinzipienreiter ist, wer Regeln nimmt so, dass sie gar keine Ausnahme haben dürfen, der kann eigentlich niemals in die geistige Welt hereinkommen.« (11.6.1924)

In einem Horoskop sieht man nicht die moralisch-ethische Bildung und Entscheidungsfähigkeit eines Menschen, aber man erkennt innere Anliegen. Und diese sind nach Steiner durchaus moralisch impulsiert. Diese Anliegen sind jedoch in einer Radix nur als Interessen und Antriebe sichtbar, ohne dass damit eine ethisch durchdrungene Handlungsweise verbunden wäre. Es gibt beispielsweise das erwähnte Begeisterungsgefühl, von dem auch Steiner sagt, dass es in Verbindung mit Sinnzusammenhängen steht. Die Sinnsuche des Menschen, die astrologisch vor allem mit Jupiter in Verbindung gebracht wird, zeigt bereits eine tiefe ethische Verankerung. Sie erwächst nicht dem Lustprinzip, sie hat mit normativen und deshalb ethischen Einstellungen zu tun. Von daher kann das Suchen nach Lebenssinn nach Steiner auch nicht naturgesetzlicher Art sein, wie dies etwa in der physischen Organbildung der Fall ist, es muss Freiheitscharakter aufweisen, selbst wenn es kulturell überformt ist. »Begeisterung« hat mit dem Gefühl zu tun, dass eine Handlung sinnvoll sein könnte, sie ist damit ein wertendes Gefühl. Nicht in jedem Menschen offenbart sich dieses jedoch im hohen ethischen Sinn, doch dieses Gefühl enthält eine Tendenz der Wertorientierung; es entsteht im Nachdenken über den Wert eines erstrebten Ziels. Insofern ist Begeisterung ein Gefühl, das astralische Anteile hat, wenn es auch aus der Äthernatur des Menschen erwächst. Es ist solange moralisch indifferent als es nicht durch einen konkreten Inhalt oder ein Ziel seine moralische Wertigkeit erhält.

Ähnlich ist es auch mit der Venus-impulsierten Liebe. Liebesgefühle suchen das Positive im anderen Menschen; ob das Verhalten, das aus dem Liebesgefühl resultiert, sich an dem orientiert, was dem geliebten Menschen zuträglich ist, bestimmt weitgehend die Moralität eines Liebesgefühls. Moralität hat immer mit konkreten Bedingungen zu tun, insofern kann sie nicht astrologischer Art sein; denn die Astrologie weist nur auf ein kosmisches Muster hin.

Alle ethischen »astralischen« Bewertungsgefühle, die also nicht von den astrologischen Faktoren determiniert werden, sondern sich am konkreten Fall entwickeln, müssen unterschieden werden von den ätherischen Gefühlen, die gewissermaßen ziellos oder unbestimmt auftreten. Letztere kommen nach Steiner wie »Wellen aus dem Tagestraumleben«. Dieses Gefühlsleben ist eng mit den rhythmischen Vorgängen im Körper verbunden wie mit dem Atem- und Zirkulationssystem. Es hat außerdem nach Steiner nur mit dem jetzigen Leben zu tun. In ihnen würde auch ein stilles Wissen um unsere Zukunft leben, aber dieses bezöge sich immer nur auf unser jetziges Leben.

Rudolf Steiner setzt bei den ethischen Bewertungsgefühlen, die er astralisch nennt, eine gewisse Freiheitskomponente voraus. Der Mensch muss sich die Fähigkeit der Selbstreflexion schon erarbeitet haben, um überhaupt zu freier Beurteilung und Handlung in der Lage zu sein. Von Steiner ist nicht eine angeborene unbewusste Neigung zu Schuld- und Gewissensfragen angesprochen, wenn er von Moralität spricht, er denkt an die bereits selbstreflektierte Handlungsweise. Jede von innen getriebene Handlung ist nicht frei, sondert rührt aus der angeborenen karmischen Struktur des Ätherleibes her, um bei Rudolf Steiners Vorstellungen zu bleiben. Dieser karmischen Struktur unterliegen zwar durchaus Willenskräfte, diese stammen jedoch aus der Vergangenheit, dem früheren Leben, und sind insofern nicht zukunftsorientiert. Es sind übriggebliebene Willensimpulse, die früher nicht Handlung werden konnten. Das Lebensanliegen des karmischen Gedankenmusters ist allerdings von großer Bedeutung. Doch es tritt nicht klar und eindeutig in Erscheinung, da hinter und unter ihm Zersplitterung, Chaos und Instinktverwirrung herrscht.

Warum wir in diesem Leben etwas Bestimmtes tun wollen, das hängt nach Steiner durchaus mit dem karmisch bedingten

Gedankenleben, dem gedanklichen Filter, zusammen, durch den wir alles wahrnehmen; jenes ist erwachsen aus den ethischen Willenskräften des früheren Lebens. Insofern beinhaltet es ein tiefes Wissen um die eigentliche Aufgabe des Lebens, die ich glaube im Horoskop erkennen zu können. Doch die zersplitternde Materie, die chaotische Instinkte und Triebe freisetzt, ist die Kehrseite. Aus ihr kann Böses erwachsen, aber sie bedingt auch Freiheit: Freiheit im Hinblick auf Zukunftsaufgaben, aber wie auch Freiheit, dem eigentlichen Lebensanliegen nicht gerecht zu werden, am Leben zu scheitern, den Trieben zu verfallen; hier sitzt zwar die Gefahr der ethischen Verirrung, hier ist aber auch – durch Transformation der treibenden Anlage – die Freiheit zur freien guten Tat begründet. Letzten Endes ist theoretisch auch eine Transformation des Karmas möglich, wodurch Schicksalsverstrickungen in selbstgewählte Aufgaben metamorphisiert werden können.

Wer schon einmal mit Beratungssituationen zu tun gehabt hat, weiß, wie ungeheuer schwierig es ist, zwischen einer moralisierenden Veranlagung zu unterscheiden, die sich möglicherweise aus Ängsten vor dem inneren Chaos, triebhaften Bequemlichkeiten oder opportunistischen Anpassungsmechanismen speist und die sich mit Hilfe der inneren Affinitäten zum kulturell bedingten Moralkodex entwickelt hat, und einem in Freiheit errungenem Gewissen, das sich in der Konfrontation mit dem inneren Chaos entwickeln konnte. Nicht-Verdrängung der ungewollten Triebe ist der Weg – dabei würde der innere Zerstörungsherd nicht verdrängt werden, sondern – langfristig betrachtet – durch eine ethische Transformation der irrenden Triebe und Instinkte geändert werden. Doch dies stellt einen langen Weg dar, es geht nur über einen tiefen Initiationsweg. Wir müssen das imaginative Bewusstsein erst erarbeiten, betont Steiner immer wieder: »Indem wir das imaginative Bewusstsein erwerben, tritt dieses Ich wirklich auf, und es ist willensartiger Natur.« (207;3;57)

Zur Ich-Kraft muss sich der Mensch erst durchringen, sie ist nicht von vornherein da. »Dadurch, dass das Menschenwesen in ein Chaos der Zerstörung eintauchen kann, bildet sich dieses Ich.« (207;1;23)

Ein »Seelisches« nennt Steiner Gedanke, Gefühl und Wille (208;110f.), die er aus einem differenzierten Wechselspiel zwischen Materieleib, Ätherleib, Astralleib und Ich heraus erklärt. Nach unserem heutigen Sprachgebrauch setzen wir meist das Seelische in eins mit dem Begriff »Gefühl«; bei Steiner ist das Gefühlsmäßige nur ein Aspekt des Seelischen. »Geistig« nennt er die höheren Fähigkeiten wie Imagination, Inspiration und Intuition, also Vermögen, die über die selbsterhaltende irdische Organisation des Menschen weit hinausgehen und zu denen sich das Ich erst willensmäßig durchringen muss. Zu imaginativen Vorstellungen, der ersten Stufe einer Bewusstseinserweiterung, ist der Mensch nur fähig, wenn er lernt, hinter den »Erinnerungsspiegel« der Wahrnehmung zu schauen, wenn er lernt, die Gestalten und Bilder der Lebenskräfte und die Muster seines eigenen karmischen Wesens zu erkennen, wenn er den Mut hat, in seinen inneren Zerstörungsherd einzutauchen.

»Kosmische Stoßkraft« im Geburtsmoment – das »karmisch« sonnenhafte Wesen des Menschen

Steiner weist darauf hin, dass der Unterschied des Menschen zum Tier im Hinblick auf seinen kosmischen Bezug in der Anknüpfung an frühere Leben und in einem kosmisch undeterminierten Handlungssystem bestehe. Dies schlage sich wiederum in der menschlichen Körpergestalt nieder, die ihrerseits eine gewisse Freiheit von kosmischen Einwirkungen ermögliche. Durch den aufrechten Gang würde sich der Mensch zweifach aus den Tierkreiskräften herausheben, zum einen mit seinem Kopf (oder Nerven-Sinnessystem), der fähig werde, karmisch konfigurierte Gedankenmuster aufzunehmen, zum anderen mit seinen Beinen (dem Gliedmaßensystem), die den Radialkräften der Erde unterstünden und ihn zu freier, nicht vorgeprägter Handlung grundsätzlich fähig machten. Damit wird angesprochen, was ich in den beiden letzten Kapiteln versucht habe herzuleiten: das karmische persönliche Interpretationsmuster und die Fähigkeit, seine Handlung nach ethischen Prinzipien auszurichten, unterliegen nicht den allgemein und naturgesetzartig wirksamen kosmischen Bedingungen und Wirkungen, wie sie in den organischen Abläufen zu beobachten sind.

In die Gedankenstruktur des Menschen ziehen nach Steiner solare Kräfte ein, individuelle Kräfte; diese würden durch die Sonne bzw. die solare Sphäre oder den Tierkreis übermittelt; Letzterer stellt ja den jährlichen Weg der Sonne in der Ekliptik dar. Diese Sonnensphäre sei durch die jeweiligen individuellen Planetenstellungen bei der Geburt in bestimmter Art konfiguriert; dies bedinge das individuelle Muster eines ansonsten naturgesetzhaften Tierkreises: Die Sonnensphäre, also die Tierkreis-Sonnenbahn, ist gemäß Steiner Ausdruck der Kräfte des höheren Willens, die wie Naturgesetze wirkten – jedoch geistiger Natur seien; die planetare Gestalt vermittle den Ausdruck dieser Gesetze, sie gingen in den Menschen über, in seine Gedankenstruktur (207;6;111). Es sind nach Steiner Gesetze aus dem Bereich des Willens im hohen geistigen Sinne (der sog. Archai). Sie haben bewirkt, dass die ethischen Willenskräfte des früheren Lebens zu Gedankenkräften des jetzigen werden konnten. Die Kraft oder grundsätzliche Befähigung zur freien Urteilsfindung ist ebenfalls in die Gedankenstruktur des Menschen hineingelegt.

Die beiden Bände »Anthroposophie als Kosmosophie« (GA 207 und 208) kann man meiner Meinung nach als die »astrologischsten« Werke Steiners bezeichnen, berühren sie doch die planetaren Beziehungen sehr genau. Die Ausführungen sind zudem sehr stark an der Rolle der Sonne orientiert und betreffen die heutige Zeit nach dem »Mysterium von Golgatha«. Nicht leicht ist zunächst darin zu erkennen, ob mit der persönlichen Gedankenkonfigurierung der Geistkeim oder Ätherleib gemeint ist. Doch schildert hier Steiner die karmische Prägung so deutlich als mit dem Ätherleib zusammmenhängend, dass es sich damit auf jeden Fall auch um diesen Leib handeln muss, der sich erst nach der Befruchtung aufbaut. Allerdings meint Steiner nicht nur diesen Ätherleib allein, sondern schildert ihn in engster Verbindung mit dem vorgeburtlichen Keim. Durch diese Verbindung wird wohl die Wirksamkeit der planetaren Rhythmen sichergestellt, denn sie sind ja tief im Geistkeim des Menschen verankert. Sonst wäre es wohl kaum möglich, dass dieser Ätherleib ab der Geburt als kosmische Stoßkraft wirken könnte, was Steiner ausführt.

Schon vorher habe ich erwähnt, dass sich der Ätherleib nach der Befruchtung in der sublunaren irdischen Sphäre aus dem Weltenäther aufbaue. Mit den Elementen Feuer, Erde, Luft und Wasser werden vier Ätherarten in Zusammenhang gebracht: Wärmeäther (Feuer), Lebensäther (Erde), Lichtäther (Luft), Chemischer Äther (Wasser). Die Elemente sind Einteilungen des tropischen Tierkreises, sie charakterisieren den jährlichen Sonnenweg. Das »Ätherische« hängt insofern eng mit der Sonne zusammen.

In der Mondensphäre treffe der Mensch heute »das Wesen, dessen physischer Abglanz die Sonne ist«, schreibt Steiner 1922 in »Kosmologie, Religion und Philosophie« (25;10;86f.), wie bereits erwähnt. Offenbar rechtfertigen diese Angaben die Annahme, dass Steiner in »Anthroposophie als Kosmosophie« mit der Ausbildung des individuellen Ätherleibes des Menschen vorrangig den nach der Befruchtung entstehenden Leib meint, der jedoch nur denkbar ist unter der Voraussetzung des allgemein wirksamen menschlichen Geistkeims. Überhaupt betrachtet Steiner Geistkeim und Ätherleib nicht als unabhängig voneinander. Bei der Befruchtung metamorphisiert sich im Grunde ein Teil der vorgeburtlichen Menschenanlage, um in den Familienzusammenhang einzutreten, dann wird dieser Anteil durch zusammenziehenden Äther wieder dem Ichwesen angegliedert; dahinein wird die Wertwesenheit hineingewoben, deren Moralität jedoch unbewusst bleibt. Dies verbindet sich dann bald mit dem inzwischen entstandenen Embryo. Dem Ätherleib haftet die Zeitlichkeit an, in ihm sind die kosmischen Rhythmen der vorgeburtlichen Ausbildung des menschlichen Geistkeims ebenso wirksam wie in der Physis des Menschen. Dass es jedoch zwischen der physischen Geistkeimanlage und dem Ätherleib zu Störungen und Konflikten kommen kann, darauf weist Steiner vor allem auch in seinen medizinischen Ausführungen hin.

In die Physis ist die unbewusste Willensnatur tief eingewoben. Wir können dies in unseren unwillkürlichen Körperreaktionen deutlich spüren. Betrachten Sie einmal die Situation des Verliebens, die schicksalsbestimmend sein kann: Man spürt das Verliebtsein nicht etwa zuerst im Kopf, sondern im gesamten Drüsensystem, den Muskeln, dem Herzschlag, dem Kreislauf. Solche Körperreaktionen veranlassen damit Schicksal; es ist nach Steiner in ihnen ein tiefes karmisches Geführtwerden enthalten, das durch das eigene Ich in Verbindung mit hohen geistigen Kräften vorgeburtlich angelegt wurde – ganz im Sinne kosmischer Rhythmen.

Wenn Steiner hohe geistige Kräfte anspricht, wie in den genannten Ausführungen, und diese dann mit der Sonne in Beziehung bringt, spricht er nie nur von dem sichtbaren »Sonnenkörper«, sondern meint »die wahre Sonne, die ja geistig ist.« (208;12;23) Hierbei hat Steiner immer die Christuswesenheit und damit Freiheitsmomente im Sinn, die mit dem Ätherleib in den Menschen einziehen. Dennoch ist der Mensch individuell vorgeprägt und diese Prägung ist nach Steiner in der Geburtskonstellation zu finden, wobei er einschränkend hinzufügt: »Wir dürfen auch da nicht vom Kosmos im Sinne einer mit mechanischer Notwendigkeit wirkenden kosmischen Gesetzmäßigkeit sprechen. Aber das, was wir in den Sternenkonstellationen finden, ist gewissermaßen der Ausdruck, das Bild für diese Gesetze, die da auf uns wirken.« (207;6;111)

Zusammengefasst lässt sich das Folgende sagen: Die karmische Anbindung an ein früheres Leben – aus Steiners Ausführungen kann man entnehmen, dass sie heute solaren Ursprungs ist – ist beim Tier nicht gegeben. Das Tier bleibt den Tierkreiskräften als solchen unterstellt, betont Steiner, hier wirkt die planetare Konfiguration nicht als ein individuelles Gedanken- oder

Fühl-Gewebe. Beim Menschen sind eine chaotische Triebveranlagung und irrende Instinkte die Kehrseite des planetarisch präkonfigurierten individuellen karmischen Gedankenmusters, das durch Sonnenkräfte oder die solare Sphäre übertragen werde.

So muss der Mensch im Gegensatz zum Tier durch Erziehung und Bildung sein Wesen erst herbeiführen, er muss seine Lebensvollzüge durchseelen (207;6;114). Ohne Kultur, in die man sich hineinsozialisieren muss, durch die man irrende Instinkte und Triebe leitet, gibt es keinen Menschen. Durch die Kultur hindurch, durch das in vielfacher Art und Weise kulturell unterschiedliche konventionalisierte Regelwerk hindurch, muss man sich letzten Endes zum bewussten freien Willen entwickeln. Dieser Weg geht nach Steiner nur durch das innere Chaos hindurch, »wenn der Mensch mit vollem Bewusstsein von diesem Zerstörungsherd Kenntnis nimmt und sich von diesem Gesichtspunkt aus in die moderne Zivilisationsentwicklung hineinbegibt« (207;1;23).

Steiner schildert die erste Bildung des Menschenkeims für eine neue Inkarnation in »Anthroposophie als Kosmosophie« als ätherisch. Er spricht dabei von zwei Arten von Ätherkräften, allgemein wirksamen und individuellen. Er weist zunächst auf die ätherischen Bildekräfte des Organischen hin, die mit dem tierischen Gruppenseelensystem und damit mit den Tierkreis-Sternbilderkräften zu tun hätten. Wirksam würden diese Kräfte im »Sonnenbereich«, schreibt Steiner in Bezug auf die Ausbildung des allgemeinen nicht individuellen geistigen Menschenkeims in »Menschenwesen, Menschenschicksal und Weltentwicklung« (GA 226;2;31). Doch beim Menschen würden sich diese Tierkreiskräfte dann durch den planetarischen Einfluss individualisieren:

»Nachdem er durchgemacht hat das Wirken aus und in dem tierischen Gruppenseelensystem, wird der Mensch abhängig von dem in der Außenwelt, was in den Bewegungen, in den Konstellationen der Planeten lebt. Dadurch wird vorbereitet des Menschen Ätherleib. Der Mensch neigt sich hin zum Wiedergeborenwerden. Sein Ätherleib wird ausgebildet. Sichtbar werden jetzt in diesem Ätherleib die Gedankengewebe, von denen ich Ihnen gesprochen habe, die dann im Menschen anzutreffen sind zwischen dem Ätherleib und dem physischen Leib. ... Dadurch aber wird der Mensch reif, einzutreten in die Hülle, die ihm jetzt hergegeben wird von demjenigen, was sich in der Reihe der Generationen vollzieht.« (207;7;126)

Hiermit hat Rudolf Steiner ganz deutlich die individuelle Ausbildung des ersten Geistkeims angesprochen, dem sich dann der karmisch individuelle Ätherleib mit dem »Wertwesen« des Menschen angliedert. Er scheint hier nicht zwischen beidem genau zu differenzieren, wenn er sagt, »dass sein Karma, das er mitbringt aus dem früheren Erdenleben, sich eingliedert in diejenige ätherische Stoßkraft, die er mit hereinnimmt aus den Wirkungen des planetarischen Systems, die vorangehen seiner Erdeneingliederung« (207;7;130). Hier wird allerdings deutlich, dass die planetarischen Rhythmen bereits vorgeburtlich dem Menschen eingeprägt und dann in den physischen Leib einverwoben werden. Das karmisch-individuelle Wertwesen verbindet sich mit diesem innig – bis in die planetare Konfiguration oder Bewegungsrhythmik hinein. Auch durch die folgende Aussage wird deutlich, dass es sich in obiger Schilderung um das handelt, was Steiner an anderen Stellen seines Werks als »Geistkeim« bezeichnet: »Die befruchtete Keimzelle ist in Bezug auf das Materielle direkt Chaos, Chaos das zerfällt, Chaos das wirklich zerfällt. In dieses verfallende Chaos ergießt sich das, was ich Ihnen als den Menschen geschildert habe, der sich eben in der Weise, wie ich es beschrieben habe, gebildet hat.« (207;7;128).

Der Körper entwickelt sich durchaus im Sinne der Generationenfolge, denn das Ich hat ja bereits vorgeburtlich die entsprechende Befruchtungssituation gewählt. Zudem schreibt Steiner: »Und nicht durch den Keim selber, sondern durch die Prozesse, die im mütterlichen Leibe zwischen dem Embryo und der Umgebung vor sich gehen, bildet sich dann das eigentlich Physische aus.« (207;7;128) Der individuelle Ätherkeim wirkt hier zwar hinein, doch das Physische selbst wird nach Steiner nicht von diesem Ätherkeim selbst gebildet; der Ätherleib wird vor allem später nach der Geburt als kosmische Stoßkraft wirksam (207;7;129):

> »Der Mensch bringt sich aus dem Kosmos herein die ätherische kosmische Frucht. ... Der Mensch hat von der ersten Stunde an, von dem ersten Augenblicke seiner Geburt an in seinem Ätherleibe etwas wie eine kosmische Stoßkraft nach vorwärts, die durchwirkt durch das ganze Leben. Mit dieser kosmischen Stoßkraft verbindet sich das, was als die karmischen Tendenzen zurückgeblieben ist. In dieser kosmischen Stoßkraft wirken die karmischen Tendenzen.« (8.10.1921)

Für Astrologen und Astrologinnen berühren diese Ausführungen Steiners die Frage, wie die Bedeutung des Geburtsmomentes überhaupt erklärt werden kann. Von der Bedeutung der Geburtskonstellation sind wir ja überzeugt – wir erfahren sie ja immer wieder durch und in unserer astrologischen Arbeit. Steiner erklärt die Wirksamkeit eines Geburtshoroskops damit, dass sich vor der Geburt – schon bei der Befruchtung – der individuelle Keim des Menschen mit dem planetaren System und seinen Rhythmen verbunden habe. Er sagt dann, »dass sein Karma, das er mitbringt aus dem früheren Erdenleben, sich eingliedert in diejenige ätherische Stoßkraft, die er mit hereinnimmt aus den Wirkungen des planetarischen Systems, die vorangehen seiner Erdeneingliederung«. (207;7;130). Warum aber ist es gerade der Geburtsmoment, in dem sich die menschliche Anlagenstruktur spiegelt?

Es stellen sich noch weitere Fragen zum Geburtsmoment. Ist er wirklich zeitlich determiniert? Was ist mit Kaiserschnitt-Geburten, künstlicher Einleitung oder Frühgeburten? Wird der Zeitpunkt der Geburt nicht von vielfältigen Faktoren beeinflusst? Es sind wahrscheinlich die kleinen alltäglichen Dinge des Lebens, die irgendwie gestaltend eingreifen, damit es etwa zu einem passenden Aszendenten kommt. Innerhalb von vier Minuten ist der Ortsmeridian um ein Grad im Tierkreis weitergelaufen. Meridian und Horizont sind es aber, die die Konstellation individualisieren; innerhalb kürzester Zeiträume ändern sich die dominanten Faktoren einer Konstellation. Unter der Voraussetzung, dass der Mensch über Freiheitskräfte verfügt, müssen sich diese auch im Verhalten der Mutter und der sie umgebenden Menschen während der Geburt ausdrücken. Eine aktive Mutter mag den Geburtsvorgang unterstützen, eine andere resigniert vielleicht unter der Geburtsanstrengung und benötigt unterstützende medizinische Maßnahmen.

Während der Geburt meines Sohnes konnte ich beobachten, von wie vielen Einflüssen und Erfordernissen der Geburtsmoment eigentlich bestimmt wurde – und das, obgleich ich eine natürliche Geburt wollte. Da hatten ich und der Arzt nicht geglaubt, dass unser Kind schon drei Wochen zu früh zur Welt kommen wollte, da habe ich »gegen die Wehen« Melissentee getrunken, worauf die Wehen zurückgingen, da wollte man mir später zur Beschleunigung den »Wehentropf« anhängen, den ich verweigerte, dann sollte die Fruchtblase geöffnet werden, was ich zunächst nicht zuließ und was dann später doch unumgänglich wurde; da wusste ich als Astrologin von einem Mond, der in den Wassermann wechselte und das gefiel mir besser für mein Schützekind als ein Steinbockmond. Hat das nicht alles diffus eingewirkt? Da bin ich zwischendurch eingeschlafen. Vor dem Austritt des Kopfes, vor der letzten Wehe meinte mein Mann, ich solle doch zur Entspannung singen. Mitten im Gesang einer Arie ist dann unser Sohn Sebastian geboren, was ich als eines meiner erhebendsten Lebensmomente erlebt habe.

Chaotisch würde ich all das bezeichnen, was vorher um die Geburt herum geschehen ist, wovon das Geschilderte nur ein Bruchteil der Dinge ist, die abgelaufen sind. Vielleicht ist dieses Chaos und Unbestimmte gerade nötig, damit sich eine passende Zeit einstellen kann. Vielleicht haben die vielen Imponderabilien dazu beigetragen, dass das Kind zu einer passenden Minute geboren werden konnte? Die ganze Nacht über bis zum Morgen hatte sich alles hingezogen, was ich vielleicht unbewusst so wollte? Ich glaube, dass mein Verhalten insgesamt zum Geburtsmoment mit beigetragen hat, obwohl ich alles unbeeinflusst geschehen lassen wollte. Ich glaube, dass es mehrere austauschbare Konstellationen geben könnte, die einem Neugeborenen eine passende Zeitqualität bereitstellen. Gleiche Zeitpunkte an aufeinander folgenden Tagen sind häufig sehr ähnlich. Und es gibt sich entsprechende Zeitpunkte: Einmal steht vielleicht der Mond im Steinbock und der Aszendent im Wassermann; im anderen möglichen Moment kulminiert vielleicht Saturn und Mond steht im Wassermann. Dies bezeichne ich als »Austauschkonstellationen«, sie passen vielleicht beide sinnvoll zur Ätherstruktur des ins irdische Leben eintretenden Menschen. Am Beispiel der Vierlingsgeburt habe ich zu zeigen versucht, dass sich jedes Kind unterschiedliche Muster stärker zu seinesgleichen gemacht hat. Es muss nicht – gemäß der Stimmigkeit der Astrologie – nur von einem einzigen möglichen Geburtstermin ausgegangen werden. Es können durchaus unterschiedliche Termine als geeignet angesehen werden, dem Neugeborenen komisch eine passende Zeitqualität bereitzustellen. Vielleicht kann sogar während der Schwangerschaft schon eine bestimmte karmische Aufgabe so reif oder unreif bewältigt werden, die dann einen andersartigen Geburtsmoment nötig macht, als ursprünglich veranlagt? Den letzten Gedanken halte ich im Sinne der dem Menschen innewohnenden Freiheitskräfte sogar für sehr wahrscheinlich. Daraus wäre aber auch zu folgern, dass die Geburt einen gewissen Abschluss einer »Bewährungsprobe« seit der Empfängnis darstellt und dass die Geburtskonstellation auch einen neuen karmischen Beginn symbolisiert.

Mit alle diesen Überlegungen soll gezeigt werden, dass sich die geistigen Verhältnisse um eine Geburt sehr vielfältig und unterschiedlich darstellen können, was es mir verbietet, aus dem Horoskop irgendwelche karmischen Schlussfolgerungen abzuleiten; es könnte sich ja bei jedem Menschen anders verhalten. Dass aber der Geburtszeitpunkt für alle Menschen von großer Bedeutung ist – ob er nun durch Kaiserschnitt oder zu früh zur Welt kam – davon konnte ich mich als Astrologin immer wieder überzeugen. Selbst wenn manchmal eingewendet wird, dass künstlich eingeleitete Geburten keine so große Ähnlichkeit der Horoskope mit denen der Eltern zeige, so stellt dies kein Argument gegen die Gültigkeit eines persönlichen Kosmogramms dar. Es mag dann vielleicht eine gewisse Fremdheit zwischen Eltern und Kind vorliegen – doch selbst das kann eine karmisch gewollte Herausforderung für die Beteiligten sein. Vielleicht soll ja die Blutsbindung überwunden werden, damit Wahlverwandtschaften mehr Bedeutung gewinnen. Wer will dies schon sicher entscheiden?

Von der Aussagekraft eines Geburtshoroskops und seiner rhythmischen Entfaltung bin ich überzeugt. Ab der Geburt impulsiert die Konstellation die Entwicklung des Kindes und auch noch des Erwachsenen; das kann man anhand vieler astrologisch untersuchter Biografien beobachten. Wenn Rudolf Steiner den Ätherleib als *Zeitleib* und *kosmische Stoßkraft* charakterisiert, so deckt sich dies mit der Rolle dessen, was wir »astrologisch« nennen. Entfaltungspotentiale und zeitliche Rhythmen sind in einem Horoskop angelegt. Einen zentralen Satz Steiners finden wir in Bezug auf das, was er mit »kosmischer Stoßkraft« meint. Es bestätigt genau unsere Überlegungen zum Geburtshoroskop, die dieses als Bild dessen ausweisen, was als treibendes Moment im Menschen enthalten ist, als *Motivationsanlage*, wie ich es früher ausgedrückt habe (207;7;130):

> »Und nun, ich möchte sagen, jetzt können Sie fast mit Händen greifen, wie man aus den planetarischen Beziehungen das, was im Menschen drängt und stößt, wenn man es sachgemäß macht, herausrechnen kann. In dieser Weise kann man intim in all das hineinschauen, was im Menschen so wirkt … « (8.10.1921)

Tierkreiskräfte – Plädoyer für den tropischen Tierkreis

Das Atmen bezeichnet Steiner als »Symbolum für ein umfassendes Dasein«: »Der ganze Kosmos wird gewissermaßen geistig-seelisch eingeatmet, wird zum Menschen« (207;7;131). Hervorzuheben ist an dieser Stelle, dass Steiner das allgemein Bildende

Abb. 3 Zuordnung der Körperteile zu den einzelnen Tierkreiszeichen; Aderlassmännchen aus: Heinrich von Laufenberg »Regimen sanitatis«, Elsass um 1460; Berlin, chem. Preußische Staatsbibliothek.

oder Gestaltbildende am Menschen ebenso im ›Ätherischen‹ ansiedelt wie das individuelle Gedankenmuster, das in seinem Nervensystem wirksam ist. Die allgemeinen Ätherkräfte bezeichnet Steiner als eine Bilderwelt, die geistig imaginativ erschließbar sei; es ist das, was den physischen Leib »zusammenfügt« und »völlig unterbewusst« bleibt (ebd. S. 134), aber es sind Formen grundsätzlicher Art und sie liefern auch das geistige Material für unsere Gedankenformen. Es handelt sich dabei um von Steiner als Gruppenseelen-artig beschriebene organisch wirkende Tierkreis-Wirkungen, welche die Organbildungen im ganzen Körper bewirken. Sie werden »eingeatmet«, sind somit im Atemprozess wirksam und für die Bildung des ganzen Körpers von Bedeutung.

Die physischen Organe bringt Rudolf Steiner in direkten Zusammenhang mit den Tierkreisbildern, wie dies auch in der Astrologie von alters her Gepflogenheit ist. Es gibt gerade aus dem medizinischen Bereich viele Abbildungen, welche die Beziehungen der Körperteile und Organe zu den einzelnen Tierkreiszeichen zeigen (Abb. 3).

Steiner betont, dass es sich bei der Zuordnung des menschlichen Organismus zum Tierkreis eigentlich um den embryonalen Zustand (208;16;82ff.) des Menschen handle, wenn sich die Form des Körpers aufbaue, nicht um eine Analogie zum geborenen Menschen, für den ja das ätherisch planetarische Gedankengewebe prägend sei (208;15;76), welches karmisch sei. Über die Atmung der Mutter ist offensichtlich die Organbildung beim Embryo möglich.

Bildhaft spricht Steiner davon, dass der dann neugeborene Mensch den Kopf wie auch die Gliedmaßen, einschließlich der Hände, aus dem Tierkreissystem herausziehe (ebd. S. 83). Daher bleibt im Nerven-Sinnessystem offenbar nur das individuelle Gedankengewebe wirksam sowie die dort vorhandene und eterminierte Materie – nicht die allgemeinen Organ-bildenden Tierkreiskräfte. Im Bewegungs- oder Gliedmaßensystem nennt Steiner den Menschen kosmisch frei, er unterliege in seinen

Abb. 4 »Ur-Embryo«, stilisierte Darstellung aus: Paul Julius Schott, »Weltall und Menschenkörper«, München-Planegg 1933

Handlungen keinerlei kosmischem Zwang, keiner Naturgesetzlichkeit.

Bei der Zuordnung bestimmter Tierkreis-Prinzipien zu den Körperteilen betont Steiner, dass es nicht um schematische Zuordnungen von Sternen oder Sternbildern zu Körperregionen gehe, sondern dass vielmehr der Körper in seinem Zusammenhang zu dem »Gebärdenhaften« des Tierkreises zu sehen sei, zu dem Bildekraft-artigen, den Formkräften, die in unterschiedlichen Himmesbereichen der Ekliptik zu suchen seien. Darauf geht er dann näher ein, wobei man Steiners Ausführungen als ein Plädoyer zugunsten des tropischen Tierkreises auffassen muss. Er distanziert sich davon, dass man die Kräfte in den einzelnen Himmelsregionen direkt mit den leuchtenden Sternen oder Lichtpunkten in Verbindung bringen dürfe. Je nach Zeitalter müsse man in den einzelnen Himmelsregionen, von denen die formenden Kräfte ausgingen, nach unterschiedlichen Sternbildern oder Sternen suchen (208;15;70):

»Ein gewisser Teil des Sternenhimmels hat auf den Menschen so Einfluss, dass er ihn von außen, vom Universum her formt. Und man hat, je nach den Zeitenfolgen natürlich, verschiedene Sterne annehmen müssen. Die Konstellationen ändern sich.« (28.10.1921)

Hier spricht Steiner sehr deutlich aus, dass er die Bildekräfte des Tierkreises als nicht von den Sternen selbst ausgehende Kräfte ansieht, sondern dass die Sterne lediglich Anhaltspunkte dafür sein können, wo die jeweiligen ätherischen Kräfte zu suchen sind. Dann führt Steiner den Zusammenhang der Formkräfte zum embryonalen Körper des Menschen vom »Standpunkt des Griechen« (S. 71, S. 75, S. 76) aus.

Zur Zeit der Griechen befand sich das Sternbild Widder, also die real zu sehenden Sterne des Widders, im Bereich des Schnittpunkts zwischen Ekliptik und (Himmels-)Äquator. Das ist der Ekliptikabschnitt, in den die Sonne zum Frühlingsbeginn eintritt; durch die Sonnenbahn wird genau dieser Himmelsbezirk als erstes tropisches Tierkreiszeichen definiert. Die abendländische Astrologie arbeitet üblicherweise genau mit diesem an den irdischen Sonnenwendepunkten orientierten tropischen (griech. tropein = wenden) Tierkreis. Insofern ist dieser Tierkreis ganz auf die spezifische Beziehung der Erde zur Sonnenbahn aufgebaut. Man kann den tropischen Tierkreis als gänzlich erdspezifisch und gleichzeitig solar bezeichnen, weil für ihn die Erd-Sonne-Beziehung die prägende Kraft darstellt. Er ist der ›individuelle‹ Tierkreis der Erde; zeitgleich mit der Entwicklung der individuellen Astrologie durch die Griechen setzte sich der Gebrauch dieses Tierkreises durch (vgl. Anhang: Der tropische Tierkreis – eine Errungenschaft des griechischen Geistes).

Heute, zweitausend Jahre nach Herausbildung dieses Tierkreises, hat sich durch das platonische Jahr – das ist die rückwärts gerichtete Bewegung des Frühlingspunktes durch den siderischen Sternbilderkreis innerhalb von ca. 26000 Jahren – der Frühlingspunkt verschoben. Er steht jetzt am Anfang des Sternbildes Fische im Übergang zum Wassermann.

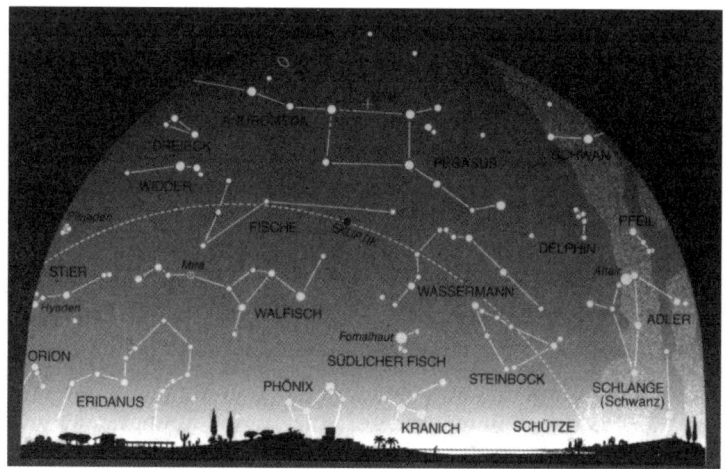

Abb. 5: So präsentiert sich der Sternenhimmel von unseren Breiten aus gesehen im Oktober.

Wenn man den Frühlingspunkt, also 0° Widder des tropischen Tierkreises, am Himmel finden will, dann muss man ihn unterhalb des auffälligen Pegasus-Quadrats suchen. Man verlängere die linke Seite einmal um ihre Strecke; von dort aus etwa 7° schräg nach oben, dort befindet sich etwa 7° unterhalb von omega-Pisces der Frühlingspunkt; man erkennt in dieser Abbildung auch deutlich, dass sich die Sternbilder in Bezug auf ihre Ekliptikposition »überlappen« und sich zudem weit von der Ekliptik weg in den Raum erstrecken. Es wird noch einige 100 Jahre dauern, bis der Frühlingspunkt in das Areal des Wassermanns eintritt.

Die Tierkreiszeichen des tropischen Tierkreises tragen dieselben Namen wie die Sternbilder in der Ebene der Ekliptik. Denn man gab ihnen zu der Zeit, als sich die Praxis der individuellen Astrologie mit ihrem »horoskopos«, der Auf- und Untergangsposition des Horizonts, herausschälte, die Namen der Sternbilder, die in den jeweiligen 12 Abschnitten standen. Damals, zur Zeit der Griechen, befand sich der tropische Widder wirklich über dem Sternbild Widder. Doch dann trennte er sich mehr und mehr von ihm, der Frühlingspunkt lief in den letzten 2000 Jahren durch das Sternbild Fische. Diesen Zeitraum nennt man in esoterischen, astrologischen und anthroposophischen Kreisen das »Fischezeitalter«. Man spricht damit den Sternen selbst Bedeutung zu; zumindest epochale Wirkungen glaubt man aus den Bezügen der Wendepunkte zu den Fixsternen ableiten zu dürfen.

Die Sternbilder sind jedoch ungleich groß und überlappen sich etwas (Abb. 6). So kann der Eintritt des Frü'' 'ngspunktes in ein neues Sternbild nicht genau datiert werden; allerdings dürfte es noch mehr als 100 Jahre dauern, bis man den Frühlingspunkt als wirklich im Wassermann stehend bezeichnen kann.

Bruno Huber schreibt zu den heutigen Grenzen der Sternbilder in »Astro-Glossarium« (S. 281f.) folgendes:

»Es war die Generalversammlung der Internationalen Astronomischen Union (IAU), die schließlich 1922 nach ausgedehnten Beratungen (es wurde um einzelne Sterne gefeilscht) den belgischen Astronomen Eugène Delporte beauftragte, eine genaue Beschreibung der nach ihrer Ansicht rechtwinkeligen, dem Gradnetz entlanglaufenden Grenzen der Sternbilder anzufertigen. Das Resultat dieser Arbeit erschien 1930 als Buch: »*Délineation Scientifique des Constellations*« und gilt seither als allgemein verbindlich.

Dabei ist allerdings ein astrologisch unverzeihlicher Lapsus passiert, indem im Bereich der Konstellation *Skorpion* und *Schütze* das Sternbild *Ophiuchus* (Schlangenträger) viel zu weit nach Süden in den Zodiak hinein ausgeweitet wurde. Dadurch verläuft die Sonnenbahn während etwa 20 Tagen durch dieses Bild anstatt durch den *Skorpion*. In der gesamten Geschichte aber wurde der Schlangenträger nie als zodiakale Konstellation bezeichnet.

Jedes tropische Tierkreiszeichen ist exakt 30° groß und hat klare Grenzen. Die astrologische Erfahrung hat gezeigt, dass tatsächlich die »Wirkung« eines Tierkreiszeichens jeweils in 0° beginnt; es gibt kaum »Mischwirkungen« in den Übergängen. Lediglich in den letzten 30 Bogenminuten (1 Grad = 60 Bogenminuten), im letzten halben Grad eines Tierkreiszeichens, glaubt man konflikthafte Mischwirkungen der Ausdrucksarten auf den Planeten, der dort steht, auszumachen.

Exkurs

In der Ebene der Erdumlaufbahn um die Sonne liegt der Tierkreis (Zodiak). Man kann sich ihn als feststehenden Gürtel um die Erde vorstellen. Die alten Astrologen dachten sich den Tierkreis um das ganze Sonnensystem herum. Denn auch die Planeten bewegen sich, mit kleinen Abweichungen, in dieser Ebene um die Sonne.

Von der Erde aus gesehen läuft die Sonne innerhalb eines Jahres konstant immer wieder genau in derselben Ebene einmal um die Erde. Unser Kalender ist ein Sonnenkalender, denn er richtet sich nach dieser Sonnenbahn; genau genommen dauert ein Jahr annähernd 365 $\frac{1}{4}$ Tage. Wir haben in unserem Kalendersystem jeweils drei hintereinander liegende Jahre mit 365 Tagen, dann folgt ein Schaltjahr. Denn alle vier Jahre bleibt ein Tag übrig, der als Schalttag, als der 29. Februar, eingefügt wird. Innerhalb von 400 Jahren müssen dennoch drei Schalttage ausfallen, weil ein Jahr eben nur fast 365$\frac{1}{4}$ Tage dauert.

Ein Tag entsteht durch die Drehung der Erde um sich selbst, Rotation genannt. Die Erdachse steht schräg zur Sonnenumlaufbahn, zur Ekliptik. Dadurch entstehen die Jahreszeiten. Der Winter beginnt, wenn die Sonne senkrecht über dem südlichen Wendekreis steht; dann steht sie bei uns, von der nördlichen Hemisphäre aus gesehen, am tiefsten. Der Frühlingsanfang rückt näher, wenn die Sonne wieder höher steigt, die Tage länger werden. Wenn schließlich Tag-Nacht-Gleiche (Äquinox) ist, steht die Sonne senkrecht über dem Äquator. An dieser Stelle der Jahresbahn beginnt der sogenannte tropische Tierkreis mit dem Tierkreiszeichen Widder. Der Tierkreis ist in zwölf gleich große Abschnitte eingeteilt. Da der Kreis 360 Grad besitzt, umfasst jedes Tierkreiszeichen 30 Grad (360 Grad : 12 = 30 Grad).

Wenn man beispielsweise den Frühlingspunkt, also den Punkt, den die Sonne bei Frühlingsanfang überschreitet, am nächtlichen Himmel suchen will, dann darf natürlich die Sonne nicht dort stehen; denn dann könnte man diese Position nicht finden. Die Sonne muss untergegangen sein, ihr Tierkreisbezirk muss »unter der Erde« sein, will man den Sternenhimmel beobachten. Im Spätsommer und Herbst kann man den Frühlingspunkt gut finden. Doch geometrische Punkte kann man nicht »sehen«, man kann sie nur mit Hilfe von sognannten Fixsternen erschließen. Wo die Sternbilder Wassermann und Fische aneinander grenzen, dort befindet sich in unserer heutigen Zeit der Frühlingspunkt (Abb.5).

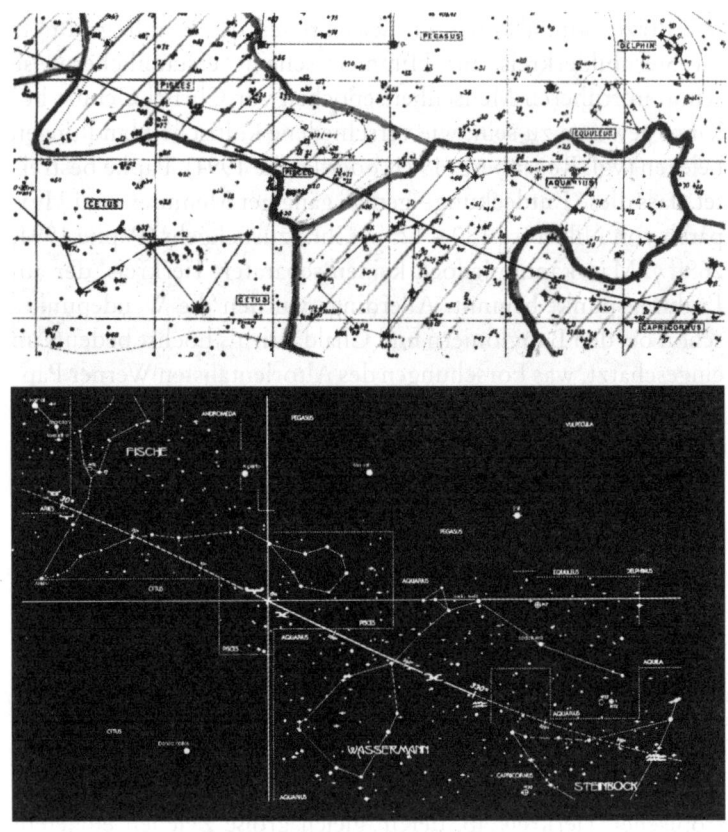

Abb. 6: Die Sternbilder Wassermann und Fische in ihren Grenzen; entnommen aus: Bruno Huber, Astro-Glossarium, S. 281.

Der Frühlingspunkt, Schnittpunkt von Ekliptik und Äquator, steht noch deutlich in den Fischen. Würde man nach der heutigen Sternkarte die obere linke Ecke des Sternbild-Beginns von Wassermann auf die Ekliptik projizieren, dann stünden wir heute unmittelbar vor einem Zeitalter-Wechsel (Abb. unten). Nach alter Einteilung verläuft die Grenze der beiden Tierkreiszeichen (Abb. oben) schräger zur Ekliptik.

oben: Darstellung aus »Ball's Atlas of Astronomy« von 1892

unten: Die heutigen Grenzen der Sternbilder Fische und Wassermann, 1930 in »Délineation Scientifique des Constellations« veröffentlicht.

Die Präzession, also das Zurückschreiten des Frühlingspunkts im Sternbilderkreis am Himmel, scheint erstaunlicherweise schon in früheren Menschheitsepochen vor Christi Geburt bekannt gewesen zu sein, wie verschiedene kultische Handlungen belegen (vgl. Rosenberg ²1971, oder Papke 1994). Papke bestreitet, dass diese Entdeckung – gemäß gängiger Meinung – auf Hipparch von Nikäa (ca 180 – 125 v. Chr.) zurückgeht (Papke 1994; 268ff.). Man kannte jedoch keinen separaten Tierkreis, der am Frühlingspunkt beginnt. Allerdings wurden die Wendepunkte schon bei den Babyloniern und Chaldäern als höchst bedeutsam eingeschätzt, was Forschungen des Altorientalisten Werner Papke klar belegen. Er erwähnt beispielsweise (Papke 1994, S. 27), dass schon im Jahr 2340 v. Chr. aus den Zangen des Sternbildes Skorpion die Waage abgetrennt worden sei als Markierung für den Herbstäquinoktialpunkt, der damit in den Übergang von Skorpion und Waage zu stehen kam, in die Nähe des Fixsterns Antares, oder er verweist auf eine kalendarische Einteilung der Babylonier, die 12 Monate kannte und den Jahreskreis in 360° einteilte (s. 271ff.).

Erst kurz vor der Zeitenwende, als der Herbstpunkt inzwischen zum Beginn des Sternbildes Waage zurückgeschritten war und der Frühlingspunkt am Beginn des Sternbildes Widder stand, sonderte sich von dem Sternbilderkreis unser heutiger tropischer Tierkreis ab, der in gleich große Zeichen eingeteilt wird, denen bestimmte Wirkungen zugesprochen werden. Die Zuordung der zwölf Zeichen zu den vier Elementen Feuer, Erde, Luft und Wasser sowie den drei Bewegungsformen kardinal, fest und beweglich fällt in diese Zeit. Damit in Verbindung steht auch die Einteilung der menschlichen Charaktere in die vier Temperamente (vgl. Claudius Ptolemäus, Tetrabiblios).

Ptolemäus (87 – 165 n. Chr.) erklärt die unterschiedlichen Bedeutungen der Tierkreiszeichen teilweise über die verschiedenen Bewegungsrichtungen der Sonne im Verhältnis zur Erde, dies etwa in Bezug auf die Zeichen Krebs und Steinbock, die Ptolemäus »die Tropischen« nennt: »Diese beiden erhielten ihre Namen durch die Verhältnisse, da die Sonne, sobald sie in eines von ihnen eingetreten ist, sich wieder in ihrer Bahn zurückwendet, indem sie ihren Lauf umbiegt der entgegengesetzten Deklination zueilend« (Ptolemäus, Ausgabe 1923, S. 37). Diese Veränderung der Bewegungsrichtung gilt übrigens für jeden Planeten oder anderen Horoskopfaktor, der dort steht (vgl. Anhang: Das lemniskatische Bewegungsmuster des Tierkreises). Dass man die Stellungen der Planeten in den zwölf tropisch orientierten Tierkreiszeichen deutet, die über die Bewegungsformen und Elemente charakterisiert werden, diese Praxis fällt in die Zeit des Aufkommens der individuellen Astrologie um die Zeitenwende.

Über den Zusammenhang von Individualastrologie, der Verwendung des tropischen solaren Tierkreises und dem Erscheinen von Christus habe ich 1990 in meinem Buch »Lebendige Astrologie – Raum und Umfeld in den 12 Horoskop-Feldern« die folgenden Vermutungen angestellt:

»Die Entwicklung der abendländischen Individual-Tierkreis-Astrologie fällt offensichtlich zusammen mit dem Aufkommen des Christentums. Interessant ist, dass Rudolf Steiner, der Begründer der Anthroposophie, als Christus-Impuls das bezeichnet, was mit der Ich-Entwicklung des Menschen zu tun hat. Er sieht Christus als eng verknüpft mit dem Ich-Bewusstsein des Menschen oder mit dem, was man in der Esoterik als das »Höhere Selbst« bezeichnet. Erdindividueller Tierkreis, Individualisierung des Menschen und die Christuswesenheit scheinen – von diesem Standpunkt aus betrachtet – zu einem einheitlichen geistigen Evolutionsprozess zu gehören. Dabei sieht Steiner Christus nicht als identisch mit Jesus an, Christus sei vielmehr eine kosmische Wesenheit, die man mit der Sonne in Verbindung bringen könne, er sei das geistige Sonnenwesen. Die Christuswesenheit habe sich durch Jesus mit der Erde und damit mit der gesamten Menschheit verbunden. Mit diesem kosmischen Ereignis sei die Ich-Entwicklung des Menschen eingeleitet worden, abgekoppelt von der gesamtkosmischen Einheit, aber zur persönlichen Freiheit hin veranlagt.

Diese Sichtweise lässt sich durchaus mit der Entstehung des von den Sternen abgekoppelten Tierkreises in Verbindung bringen. In der Astrologie verwendet man jedenfalls seit dieser Zeit den auf die Sonne bezogenen Tierkreis anstelle des Sternbilderkreises. Der Erde wurde ihr eigener Tierkreis zuerkannt – eine Analogie für den Individualisierungsprozess und die Ich-Entwicklung, die dann auf der Erde am Menschen stattfinden sollte. Zudem symbolisiert die Sonne astrologisch das Bewusstsein vom eigenen Ich.

Steiner bringt in seinen Ausführungen zu den Tierkreiszeichen die Region der »Widder-Gebärde«, in der sich das Sternbild Widder zur Zeit der Griechen befand, in Zusammenhang mit dem Kopf, wie dies auch in der Astrologie von alters her gelehrt wird. Doch dann sagt er deutlich, dass sich in dieser Region heute nicht mehr das Sternbild Widder befände, sondern die Fische: »Heute können wir nicht mehr beim Widder anfangen, heute müssen wir anfangen im Zeichen der Fische« (208;15;76), also in der Himmelsregion, in der heute der Frühlingspunkt zu suchen ist und wo nach der klassischen Astrologie das ekliptikale tropische Tierkreiszeichen Widder beginnt. Die »Gebärde« eines Tierkreiszeichens ist nach Steiner das »Charakteristische« und die »Hauptsache« (S. 72), nicht seine leuchtende Figur!

Es ist durchaus möglich, die Tierkreiszeichen völlig aus der Bewegung von Erde und Sonne zu erklären, also aus dem Erd-Sonne-Verhältnis heraus. Meiner Auffassung nach sind in den Bewegungsverhältnissen die materiellen Manifestationen ätherischer Tierkreis-Formkräfte zu suchen – die »Gebärden« – und nicht in den Sternenkörpern (vgl. auch mein Buch »Gestaltastrologie«, S. 39–45). Untersucht man die Bewegungsverhältnisse zwischen Erde und Sonne in Bezug auf die Ekliptik genauer, so ergibt sich sogar ein lemniskatischer Bewegungsablauf, den ich im Anhang darstelle.

Allerdings erklären sich daraus nicht die genau bestimmbaren Grenzen der Tierkreiszeichen, die in ihrer Folge jeweils einem *Element* (Feuer, Erde, Luft, Wasser) und je einer – von mir so genannten – »Bewegungsform« angehören. Dass es sich beim Übergang von den sogenannten *variablen* zu den *kardinalen* Zeichen, den Wendepunkten in jeweils 0° der Zeichen Widder,

Krebs, Waage und Steinbock, um wirkliche Umschwünge handelt, lässt sich sehr gut nachvollziehen, dass sich jedoch auch die gleichen Grenzziehungen etwa zwischen den *fixen* und variablen Zeichen erfahrungsgemäß zeigen, ist schwerer zu verstehen. Dass es zwölf abgrenzbare Ausdrucksarten im Tierkreis gibt, gibt Raum für manche Spekulationen.

Fragen und Überlegungen in diesem Zusammenhang sind etwa die Folgenden: Könnte es sich bei den tropischen Tierkreiszeichen um im Sonnensystem eingefangene kosmische Qualitäten aus den fernen Weiten des Weltalls handeln, die sich über ganz bestimmte Bewegungsverhältnisse im Erd-Sonne-Verhältnis auf den Menschen übertragen? Vielleicht sind die Sternbilder keine willkürlichen Zusammenfassungen von Sternen, sondern ihnen liegen Zonen unterschiedlicher intuitiv erkannter kosmischer Wirkungen zu Grunde. Werden diese Wirkzonen in die solare Sphäre, also das Erd-Sonne-Bewegungsmuster »hineingespiegelt«? Handelt es sich um kosmische Lebensenergien, die sich unter bestimmten Verhältnissen im Kosmos unterschiedlich auffalten oder manifestieren? Wird vielleicht kosmische Energie im Sonnensystem in ihre Ausdrucksarten oder »Farben« zerlegt?

Tierkreis-Farben

Irgendwo in einem Meer von Sternen liegt unsere kleine Erde, durch ihre Beschaffenheit und Lage im Kosmos derart begünstigt, dass auf ihr Leben, sogar hochspezialisiertes, möglich ist. »Kosmische Energien« scheinen wirksam zu sein, die lebendige Organismen »formen«. Vergleichen wir einmal die angenommene kosmische Energie mit dem Licht.

Das Licht wird unter bestimmten Voraussetzungen gebrochen – so heißt es in der Naturwissenschaft. Wir alle kennen den Regenbogen, in Farben zerlegtes Licht, die Spektralfarben. Könnte nicht theoretisch »kosmische Energie« gebrochen oder aufgefaltet werden, wenn sie durch das Sonnensystem dringt und auf die Erde trifft? Denn das Sonnensystem ist eine Einheit, in sich zusammenhaltend durch die Balance von Schwerkraft und Fliehkraft, eine Art »Kräftekristall«. Von diesem könnte die »kosmische Energie« wie durch ein Prisma gebrochen werden. Vielleicht werden durch die Planeten gewisse Energien absorbiert, die dann nicht vollständig die Erde erreichen?

Oft werden Tierkreiszeichen mit Farben verglichen. Das Zeichen, in dem ein Planet steht, »färbt« ihn, gibt ihm seinen Ausdruck, so heißt es. Vielleicht werden sogar eines Tages unterschiedliche physikalische Eigenschaften im Bereich der einzelnen Tierkreiszeichen entdeckt. Die Qualität aber, also der Bedeutungsinhalt, den eine bestimmte Energiebrechung (Tierkreis-Prinzip) für das Leben oder die Materie hat, kann durch die Physik nicht erfasst, geschweige denn erklärt werden.

Die Astrologie hat zwölf unterschiedliche »Farben« oder Qualitäten (Tierkreis-Abschnitte) empirisch erkannt. Sicher sind diese Qualitäten ganz auf die irdischen Bedingungen bezogen, insofern »erdspezifisch«. Theoretisch könnten an anderen Stellen im Kosmos, vielleicht in anderen Sonnensystemen, weitere »Energie-Brechungen« und damit Qualitäten möglich sein, die für uns unvorstellbar sind.

(Aus meinem Buch »Gestaltastrologie – Die 12 Tierkreisprinzipien in der Natur«)

Rudolf Steiner betont, dass die Gestaltformung das »Wesentliche an dem physischen Leibe« sei (208;16;84) und dass dieser sich »aus zwölf verschiedenen Formen zusammensetzt« (ebd.). Die physische Form entwickelt sich im Mutterleib, unterliegt durchaus den Erbgesetzen und ist kosmisch bedingt, aber diese kosmische Beziehung ist eine allgemeine, der Mensch hat sie mit dem Tier gemeinsam. Sie wird von Steiner deutlich von der individuellen planetaren karmischen Beziehung des Ätherleibs unterschieden:

»Das Tier bleibt durchaus im Tierkreis drinnen orientiert. Dadurch hat das Tier keine Möglichkeit, von dem vorigen Erdenleben irgendetwas aufzunehmen oder nach dem folgenden Erdenleben hinüberzublicken.« (208;16;83) »Der Mensch aber reißt sich gewissermaßen in seinem Leben hier auf der Erde zwischen Geburt und Tod aus dieser Embryonalform heraus. …

Und dadurch, dass er sein Haupt heraushebt, dass er also während seiner physischen Lebenszeit zwar noch die Form hat, die er embryonal veranlagt bekommt, aber sie nicht mehr eingliedert in den Fixsternhimmel, dadurch bekommt der Mensch zunächst in Bezug auf seine Hauptesform die Möglichkeit, in diese Hauptesform aufzunehmen dasjenige, was er herüberbringt aus dem vorigen Erdenleben.« (208;16;82)

Die allgemeinen Formkräfte der Physis, die Tierkreiskräfte, bringt Steiner in seinem Werk immer wieder mit den höchsten geistigen Mächten in Verbindung, sie sind allgemeiner Natur. Sie wirken in Himmelsregionen, die von dem solaren Frühlingspunkt abhängig sind und nicht in den leuchtenden Sternen als solche zu suchen sind.

Die individuelle Prägung aber geschieht über die Sonnensphäre, die *planetar modifiziert* ist, hier wirken die ätherischen Kräfte des Lebendigen (ebd. 84) nicht nur als Formbildung, sondern übermitteln den karmischen Keim des Menschen. Dabei handelt es sich um einen durch die Planetenstellungen individuell präkonfigurierten Ätherleib.

Planetare Prägung der Sonnensphäre

Menschliches Leben ist gemäß Steiner vorgeburtlich vorgeprägt; mit den Planeten-Sphären und -Rhythmen verbindet sich der karmische Ätherkeim, der dann später bei der Geburt als kosmische Stoßkraft im menschlichen Dasein wirkt, nachdem dieser sich in seiner Form zunächst durch allgemeine Tierkreiskräfte in der Erbfolge der Generationen aufgebaut hat.

»Was nun in diese Form beim Menschen gewissermaßen einfließt, was in diese Form ergossen ist, das ist das Leben.« (208;16;84). Sieben einzelne Lebensstufen, die mit Sonne, Mond und den Planeten bis Saturn in Verbindung gebracht werden, beschreibt Rudolf Steiner: Sinnesleben und Nervenleben, Atmungsleben und Zirkulationsleben, Stoffwechselleben und Bewegungsleben sowie das Reproduktionsleben (ebd; 86). Auf die

Zuordnung werde ich an dieser Stelle nicht eingehen (vgl. Voltmer, »Planeten und Wesensglieder – Verborgene Möglichkeiten der Wandlung im Horoskop«, Vortrag vom 16.11.97 im Rudolf Steiner Haus, Stuttgart, noch unveröffentlichtes Manuskript). Hier soll nur darauf hingewiesen werden, dass die funktionalen Abläufe im Körper von Steiner mit den Planeten bis zum Saturn in Verbindung gebracht werden. Auch in der Astrologie sprechen wir davon, dass es sich bis Saturn um selbsterhaltende Lebensprinzipien handelt, während die sogenannten Transsaturnier als überpersönliche Kräfte gelten.

Die ätherischen Lebensprinzipien haben nach Steiner einzig beim Menschen den karmischen Charakter. Die gesamten Vorgänge des Körpers werden im Grunde vom Nerven-Sinnessystem in eine individuelle Richtung gelenkt. Tief im Unwillkürlichen und Unbewussten, das in die organischen und muskulären Abläufe hineinwirkt, ist somit das Karmische zu suchen, was aber den Menschen durchaus nicht zu bestimmten Handlungen zwingt. Auch das Stoffwechsel- und Bewegungsleben (einschließlich der Hände) unterstehen nicht einer zwingenden Ordnung naturgesetzlicher Art (207;2;34), wie dies in den Organen der Fall ist. Dies hatte ich oben bereits erwähnt.

Im Bewegungsleben bleiben zwar die einzelnen muskulären Abläufe, die zur Handlung führen, unbewusst, doch das Ich des Menschen ist im Bewegungssystem frei, weil nach Steiner hier die anderen Wesensglieder (Physis, Lebens- oder Ätherleib und Astralleib) – außer dem Ich – mit den Kräften der irdischen Physis verbunden sind. Weil das Ich hier von ätherischen (im Wachzustand auch von astralischen) Kräften unabhängig ist, ist es auch frei von direkten kosmischen Einwirkungen, denn die Tierkreiskräfte sind nach Steiner ätherischer Natur. Das heißt, dass der Mensch in seiner Handlung im Prinzip frei ist, er muss nicht tun, wozu ihn sein karmisch-planetares Gedankenleben vordisponiert – wenn er sein Ich zu gebrauchen gelernt hat.

Steiner führt dazu aus:

[So] »entzieht er sich sowohl der planetarischen Einwirkung wie auch der Tierkreiswirkung, indem er auf der Erde steht und sich die andere Seite zudecken lässt von der Erde« (208;17;108).

Hiermit werden zwei wesentliche Gesichtspunkte von Steiner angesprochen:

1. Der Mensch steht aufrecht, damit entzieht er sich den naturgesetzartig wirkenden Tierkreiskräften.

2. Dadurch kommt etwas zur Wirksamkeit, was man mit der Tatsache in Verbindung bringen kann, dass eine Hälfte des Himmels durch die Erde verdeckt wird. Letzteres kann als Hinweis darauf betrachtet werden, dass wir in der Astrologie die Wirksamkeit des Horizonts kennen, die Achse des Aszendenten und Deszendenten, durch die das Geburtshoroskop in eine obere und untere Hälfte geteilt wird. Das darauf aufbauende Häusersystem in der Astrologie ist ein Abbild für die Orientierung des Menschen im Raum und seine Ausrichtung auf verschiedene Handlungsfelder.

Allerdings gilt auch für das Bewegungssystem des Menschen, dass es als Teil der Physis im Hinblick auf seine Körperlichkeit durch ätherische Lebenskräfte durchzogen bleibt und versorgt wird, wenn auch das bewusste Ich des Menschen von diesen im Handlungsbereich nicht determiniert werden kann. Denken, Fühlen und Handeln haben zwar alle drei mit der Physis zu tun, doch die Verbindung zur Physis ist jeweils unterschiedlich; der Ätherleib muss dazu mit dem Körper verschieden zusammenwirken. Kurz ausgedrückt, entwirft Steiner dazu die folgenden Vorstellungen:

Wo Denken stattfindet, dort zieht sich der Ätherleib aus der Physis zurück und steht der Selbstwahrnehmung zur Verfügung, wie bereits ausgeführt. Beim Fühlen ist der Ätherleib in einem ständigen Wechselspiel mit den Organen und Drüsen, was sich für das Ich als »Fühlen« bemerkbar macht und wodurch der Mensch hier nicht frei und bewusst sein kann. Beim Handeln ist das Ätherische völlig mit dem Physischen verbunden, Bewegungsvorgänge steuert das Ich von außen.

»Das Gedankenleben geht so vor sich, dass die Materie nicht in Anspruch genommen wird, dass es nur bis zu dem Ätherischen herankommt und das Bewusstsein in diesem Ätherischen lebt. Das Gefühlsleben geht so vor sich, dass der Ätherleib in das Drüsenleben hinein verschwindet, bevor die eigentliche Absonderung sich geltend macht, da hat der Mensch seinen Ätherleib nicht, da verschwindet ihm sein Ätherleib in die Drüsen hinein. Er erlebt sich daher nur in seinem Ich und in seinem astralischen Leib« (208;17;112). »Das erlebt er gefühlsmäßig-traumhaft, weil er ja untertaucht in den physischen Leib. ... Wir finden, dass in der mittleren Region, im rhythmischen Menschen, der Mensch auf der einen Seite miterleben kann das Vergangene, deshalb auch den Makrokosmos. Der Mensch lebt im Rhythmus nicht nur innerlich, er lebt im Rhythmus mit der Welt ... nimmt die Welt in sich herein, ist halb ein individuelles Wesen und pendelt rhythmisch hin und her zwischen Makrokosmos und Mikrokosmos. Das ist das Leben und Weben im Gefühl. Und man kann sogar ganz genau sehen, wie das Materiell-Physische des Organismus mit dem Seelisch-Geistigen zusammenwirkt.«

Hier im Gefühlsleben, im Bereich der stärksten Wechselwirkung reagiert der Mensch wahrscheinlich auch am stärksten auf die verschiedenen astrologischen Prognosesysteme, da er mit dem Rhythmus des Sonnensystems mitlebt; nur als rhythmischer Mensch geht er nach Steiner im Rhythmus des Kosmos auf (208;17;118).

Es ist zu beobachten, dass wir heute die Astrologie als eine psychologische Lehre ansehen. Wir glauben, dass Menschen aus ihren Stimmungen heraus den Außeneindrücken die entsprechende Bedeutung geben – der astrologischen Konstellation analog. »Bedeutung geben« heißt dabei gefühlsmäßige Interpretation, heißt gefühlsmäßig nachempfinden, heißt nicht einfach nur Gedankenvorstellungen, sondern beinhaltet inneres Erleben.

Genau dieses innere Erleben ist das, was wir astrologisch sehen, immer auf der Basis der Geburtskonstellation, des angeborenen karmischen individuellen Äthermusters. Die Planeten bis Saturn tragen dabei gemäß astrologischer Lehre zur Selbsterhaltung bei, denn sie mäßigen und gestalten das übermäßige Sonnenleben, das »wuchtende Leben« (208;16;94), was auch seine gefühlsmäßigen Konsequenzen hat.

Doch wahrscheinlich werden auch die irrenden chaotischen Triebe und Instinkte sichtbar, die Kehrseite der hohen Geistigkeiten, welche nach Steiner normalerweise als imaginative, inspirative und intuitive Kräfte ordnend im Materiellen wirken (208;18;124). Möglicherweise kann man Pluto, Neptun und Uranus mit den höheren Fähigkeiten der Imagination, Inspiration und Intuition verbinden. Doch man muss dabei bedenken, dass auch diese Planeten über die persönliche karmische Gedankenkonfiguration an den Menschen vermittelt werden. In welchen Lebensprozessen sie sich am deutlichsten bemerkbar machen, ist die Frage. Als überpersönlich oder kollektiv werden sie in der Astrologie beschrieben; sie wirken sich nicht selten krisenhaft aus. Wahrscheinlich haben sie auf individueller Ebene direkt mit dem »Zerstörungsherd« als Kehrseite der Gedanken zu tun. Steiner hatte diesen jedoch dem Mond zugeordnet und damit das Fortpflanzungsgeschehen in Zusammenhang gebracht. Dass auf erlebnismäßiger Seite die drei Transsaturnier auch in diesem Chaos erlebt werden könnten, in dem »Materie zersplittert«, sollte man von der astrologischen Zuordnung her eigentlich für naheliegend halten.

In den letzten vier Vorträgen des genannten Zyklus beschreibt Rudolf Steiner dann die höheren geistigen Kräfte, die im Menschen selbst wirksam würden und nennt die Orte ihrer Wirksamkeit im menschlichen Körperaufbau: die Imagination sei im Nerven-Sinnessystem beheimatet, die Inspiration regle letztendlich den Atmungsprozess, und die Intuition sei Grundlage des Stoffwechsel- und Bewegungssystems, allerdings auf einer hohen allgemeinen überindividuellen Ebene.

Doch wahrscheinlich erleben wir diese Kräfte im Menschen dann, wenn sie nicht transformiert werden, oft als Zerrbilder: als plutonisches Chaos, illusionäre Selbstauflösung (Neptun) und kalter, die Sozialbeziehungen zerstörender Egoismus (Uranus). Wir wissen aus der astrologischen Praxis, dass diese Planeten häufig in ihrer destruktiven und selbstzerstörerischen Form erlebt und gelebt werden – nicht ausschließlich, denn die positive entwicklungsfähige Seite ist immer auch mit ihren Stellungen in einer Radix verbunden. Gerade diese drei Planeten beinhalten größtmögliche Veränderungs-, Selbsttranszendierungs- und Wandlungsmöglichkeiten.

An dieser Stelle dürften wohl die ethischen Freiheitskräfte eines höheren Bewusstseins wirksam werden, von denen Rudolf Steiner immer wieder spricht. Sie stehen als solche nicht im Horoskop, allerdings sind sie als Möglichkeiten darin enthalten, können bei entsprechender Bewusstseinsentwicklung aus dem veranlagten Chaos auf individuelle Weise hervorgehen, aus der spezifischen individuellen Kehrseite der ätherisch karmischen Gedankenkonfiguration. Alle gedanklichen Vorgänge sind für das Ich vorgeprägt, doch in der Handlung kann sich das Ich dagegen entscheiden, indem es die Handlungsimpulse im Sinne einer frei gewählten Lebensaufgabe transformiert. Der physisch gebundene Ätherleib wird wohl zu bestimmten Handlungsweisen verleiten, doch das Ich, wenn es nur stark genug ist und seinen inneren Zerstörungsherd kennt, wo die Triebe und Instinkte chaotisch frei werden, kann Regie führen.

Das Mögliche ist vielleicht im Horoskop enthalten, erkennbar könnte es allerdings nur für einen Astrologen sein, der sich entsprechende mögliche Transformationen im Sinne einer ethischen Entwicklung vorstellen kann. Dies kann nur die Aufforderung an uns selbst beinhalten, uns immer weiter zu bemühen um die Fragen einer möglichen Metamorphose des eigenen Ichs. Steiner beendet seinen 17. Vortrag mit den Worten: »Kosmologie, Freiheitslehre, Ethik sind dasjenige, was der Mensch braucht zum Aufstieg.« (208;17;119)

Die »wahre Sonne« – das Herz des rhythmischen Systems

Das Atmungs- und Zirkulationssystem, das Organ- und Drüsensystem, sind das, was nach Steiner mit dem Tierkreis ein Leben lang verbunden bleibt und damit auch mit den rhythmischen Vorgängen des Sonnensystems. Über die Atmung strömt Lebenskraft ein; über den Rückenmarkskanal setzt sich der innere Atemrhythmus bis ins Gehirn fort, über die Blutzirkulation ist das Bewegungssystem eng damit verknüpft. Damit nehmen alle Lebenssysteme des Menschen an dem aktuellen kosmischen Geschehen teil. Daraus ist zu erklären, dass wir Astrologen glauben, in den aktuellen Konstellationen im Vergleich zu den Geburtskonstellationen sehen zu können, zu welchen Handlungsweisen und Deutungsmustern der Mensch in bestimmten Zeiten jeweils motiviert ist. Durch die direkte Verbindung des rhythmischen Systems, der Atmung, mit dem Kosmischen ist auch der große Bereich der Gefühle astrologisch zu erkennen.

Die Erbanlage hat Steiner mit der Embryonalentwicklung in Zusammenhang gebracht, die nur den allgemeinen Bildekräften des Tierkreises untersteht, die über den mütterlichen Organismus vermittelt werden, und die von der Generationenfolge determiniert ist. Die erste Embryonalphase ist im ätherischen Bereich – wie bereits ausgeführt – zunächst nicht direkt individuell karmisch bestimmt, wenn auch schon ab der dritten Woche der individuelle Ätherkeim miteinwirkt. Insofern verwundert es nicht, dass die konkreten Erbanlagen nicht im Horoskop zu finden sind. Auch Thomas Ring, Schöpfer der sogenannten revidierten Astrologie, der die Astrologen im 20. Jahrhundert maßgeblich geprägt hat, hat dies im gleichen Sinne formuliert. Im Band I seiner »Astrologischen Menschenkunde« (Zürich 1956; S. 8ff) nennt er die Grenzen der Astrologie und betont, dass das genetische Erbmaterial nicht im Horoskop stehe: »Was Einwirkungen der Umwelt, Milieuverhältnisse, Erziehung, kollektive Schicksale zum dispositionellen Unterbau hinzugeben, darüber auszusagen steht nicht in ihrer Macht. (…) Kann – sollte man da meinen – jener dispositionelle Unterbau, der im astrologischen Messbilde ausgedrückt ist, etwas anderes als Erbe enthalten? … Dennoch befinden wir uns strikte genommen vor einer anderen Aussagegrenze der astrologischen Diagnostik: die eigentliche Erbsubstanz steht nicht im Messbilde.

Zusammengefasst: Weder Erbe noch Umwelt sind substantiell im Messbilde enthalten, angezeigt sind aber Relationen zu beidem.« (Zürich 1956; S. 8ff.)

Es sind das Verhältnis eines Menschen zu den einzelnen Umweltbereichen angezeigt und das, was ein Mensch aus seinem Erbpotential thematisch und seinem Interesse gemäß nutzt. Daran möchte ich nochmals erinnern. Das Verhältnis des Menschen zu seiner Erbanlage ist allerdings durchaus sichtbar; anthroposophisch spricht man hierbei eher vom elterlichen »Muster« als vom Erbe.

Ring hat sich auch zur Selbstbestimmung des Menschen bekannt und spricht immer wieder vom sogenannten »selbstbestimmenden Faktor« (vgl. »Astrologische Menschenkunde I – IV«, Freiburg 1956 – 1963). Mit dem Handlungssystem des Menschen hängt dieser zusammen und ist von der Bewusstseinshöhe des Menschen abhängig. Dass man keine ethische Bildung und Entwicklung im Horoskop erkennen kann, ist unter dieser Betrachtungsweise ebenfalls erklärlich, sie unterliegt nicht irgendwelchen astrologischen Einflüssen, sie beruht auf milieu-, kultur- und selbstbestimmenden Faktoren.

Allerdings gibt es nach Steiner über das rhythmische System jeweils bestimmte Impulse, die verschiedene Lebensthemen mehr oder weniger in den Vordergrund rücken und durch die der Mensch veranlasst wird, in Bezug darauf zu handeln. Er wird entsprechend seiner Triebveranlagung bestimmte Dinge ausführen wollen – ob mehr oder weniger chaotisch, mehr oder weniger kulturell durchformt, mehr oder weniger ethisch transformiert, das bleibt dabei offen.

Die Lebenskräfte, die direkt im rhythmischen System des Menschen wirksam werden – dazu gehört das Atem- und Zirkulationssystem –, sind nach Steiner engstens verbunden mit den allgemein wirksamen Tierkreis-Kräften Löwe, Jungfrau, Waage und Skorpion. Diese symbolisieren die bildenden »Gebärden« der Formung des Menschen von innen; Außenwelt wirke somit innerlich. Die Bildung des Körpers geschieht nach Steiner über die Vermittlung der bildenden Tierkreiskräfte durch die Atmung.

»Im Atmungsleben wird eigentlich unser Ätherleib der richtige Bildekräfteleib, der die Bilder entwirft. Und dass diese Bilder dann wirklich zur gesamten inneren Organisation werden, das vermittelt das Zirkulationsleben« (208;89).

Die allgemeinen Tierkreis-Formkräfte werden also über das ätherische Zirkulationsleben aufgenommen, das – gemäß der Astrologie wie auch nach Steiner – der Sonne untersteht. Was im Embryonalzustand über das Atmungs- und Zirkulationsleben der Mutter an Bildekräften hereinkam, wird mit der Geburt durch die eigene Atmung über den eigenen Ätherleib transportiert.

Dieser Gedanke ist wesentlich; Steiner sagt, dass die Tierkreiskräfte über die Atmung und das Zirkulationsleben vermittelt seien. Insgesamt seien sie zwar ätherischer Art, doch sie würden über die der Sonne unterstehende Lebenskraft in den Menschen einziehen. Die Tierkreiskräfte werden offensichtlich durch die ätherisch solare Lebenskraft vermittelt. Diese Lebenskraft lebt im Zirkulationssystem, das in der Astrologie als eine Analogie zur Sonne gilt. Steiner betont nun, dass in diesem solaren Kreislaufsystem die planetarische Bewegung enthalten sei:

»Unser Blutkreislauf ist im Grunde genommen nichts als Abbildung des planetarischen Lebens.« (208;16;99)

Der Steiner'sche Gedanke, dass die Tierkreiskräfte über die Sonne oder besser die Sonnensphäre vermittelt seien, die die planetarischen Bewegungen enthalte, verstehe ich als deutliche Übereinstimmung mit unserer astrologischen Praxis. Der tropische Tierkreis, den wir in der abendländischen Astrologie verwenden, ist ja nichts anderes als die Sonnenbahn oder Sonnensphäre, wie bereits erwähnt. Auf diese Sonnenebene, die Jahresbahn der Sonne, übertragen wir alle Planetenpositionen, ja wir projizieren sie auf die Tierkreisebene, wenn sie Breite aufweisen, also sich in einem gewissen Abstand von der Ekliptik befinden. Auch stellen wir alle Winkelabstände, also die Aspekte, auf dieser Ebene fest. Die Sonnenbahn wird damit zur Grundlage aller planetarischen

Deutungen (vgl. Voltmer: »Rhythmische Astrologie«, bes. Kap. 7: Die solare Ausrichtung der Astrologie, S. 270–294).

Interessant ist, dass Steiner den Blutkreislauf als planetar disponiert betrachtet; im Grunde ist der solare Blutkreislauf und dessen Zentrum, das Herz, welche die Tierkreiskräfte aufnehmen, damit planetar modifiziert. Steiner spricht es dann auch explizit aus, dass das Leben über die Sonne in den Menschen einfließe und nicht gleichgesetzt werden dürfe mit den Planeten: »Wenn wir die Sonne in ihrer wahren Wesenheit ins Auge fassen, … so unterscheidet sie sich … von den übrigen Gliedern des Planetensystems« (208;16;90). Die Sonne selbst charakterisiert Steiner in einer dreifachen Weise (208;16;94f.):

»Dann ist es das Sonnenleben selber, welches den Menschen anregt, die Sonne als das Leben-, Liebe-, Licht-Erregende, äußerlich Licht-Erregende, innerlich Liebe-Erregende und im Verkehre mit der Außenwelt Leben-Erregende. Das wird nun in die Mitte zwischen Atmungs- und Zirkulationsleben versetzt, wohin es auch die alte Weisheit versetzt hat. Zwischen dem Atmungsleben und dem Zirkulationsleben liegt ja das Herz, der Ausdruck, nicht der Motor, aber der Ausdruck für das, was zwischen Zirkulation und Atmung sich abspielt.« (29.10.1921)

Die Sonne ist also im Grunde dreifach in einem Organismus präsent: sie übermittelt das lebensnotwendige Licht, über ihre Sphäre wird das Leben mit seinen planetaren Lebensstufen transportiert, innerlich bedeutet sie die Fähigkeit zur Liebe; das Herz legt Zeugnis ab für unsere Herzenskräfte, ist Ausdruck ihrer »wahren Wesenheit«.

Auch die physische Sonne kann als Herz angesehen werden, als Herz unseres Planetensystems, das selbst ein rhythmisches System darstellt, geprägt von den Umlaufzeiten seiner einzelnen Glieder, der Planeten. Spricht man diesem System Geistigkeit zu, die sich an uns übermittelt, dann meint Steiner damit vor allem auch Liebeskraft, die für ihn mit Christus verbunden ist. Denn mit dem hohen geistigen Sonnenwesen meint Steiner immer auch Christus, das Wesen der Liebe.

Steiner legt auf mehreren Seiten dar, wie die Planeten die solare Lebenskraft modifizieren, wie »das Leben des Menschen in seinen verschiedenen Stufen zusammenhängt mit dem planetarisch-kosmischen Leben. Und das geschieht dadurch, dass in der Tat durch die verschiedene Stellung der Erde zu den Gliedern des Planetensystems und zu dessen Mittelpunkt, der Sonne, das Leben in der verschiedensten Weise modifiziert wird.« (208; 16;94)

Wenn wir versuchen, unsere Geburtsanlage, unser Radix, zu transformieren, dann können wir dies nach Steiner nur mit Hilfe unserer Herzenskräfte tun, mit Christuskraft. Diese trägt jeder Mensch in seinem Herzen; aber sie muss herausentwickelt werden, sie muss individualisiert werden und kann nur in ihrer ganz persönlichen Form gelebt werden. Letztes Endes muss sie in unsere konkreten Handlungen einfließen.

Nochmals sei betont: Die Aussage Rudolf Steiners, dass die Tierkreiskräfte über die Sonne transportiert würden und dass die »wahre Sonne« modifiziert werde, stimmt überein mit unserem abendländischen astrologischen System, das die Sonnensphäre, die Umlaufbahn von Erde und Sonne, als Grundlage nimmt und auf diese solare Tierkreis-Sphäre, den tropischen Tierkreis, alle Planeten projiziert. Alle Aspekte, die Eckfeldspitzen und die Transite spielen sich ausschließlich auf dieser Ebene ab. Dass wir dies in der Astrologie so praktizieren, dass wir darüber hinaus sogenannte Solare und Sekundäre berechnen, dies alles weist unsere Astrologie als völlig sonnenzentriert aus. In keinem anderen Kulturkreis gibt es eine Astrologie, die eine solch starke solare Ausrichtung aufweist wie das griechisch klassische bzw. unser abendländisches System.

Der Häuserkreis der Astrologie – Symbol unserer Handlungsfelder

Die Zeichen Schütze bis Fische entfalten im Menschen in Bezug auf ihren bildenden Charakter nicht die gleiche Wirksamkeit wie dies bei den vier Zeichen (Löwe bis Skorpion) davor auszumachen ist oder wie dies bei den Tieren der Fall ist; diese Vorstellung äußert Steiner im Zusammenhang mit dem von ihm geschilderten Vorgang, dass sich der Mensch durch seinen aufrechten Gang mit seinen Gliedmaßen aus dem Tierkreis herausziehe. Die Kräfte der Erde würden hier wirksamer (208;17;108f.), sie verhinderten, dass die Gliedmaßen zur vollen »kosmischen Reife« gelangten.

»Wir haben nur dadurch Finger, wir haben nur dadurch Zehen, dass wir unsere Gliedmaßen nicht auswachsen lassen.« (208;17;109).

Der Erschaffungsprozess des Menschen ist hier praktisch nicht abgeschlossen, imaginative Bildformen reifen nicht voll aus. Im rhythmischen Menschen dagegen ist der ständige Austausch gegeben, Einatmen von Bildformen, Ausatmen der inneren Konfiguration, im Haupt wird unter der ätherischen Bildekraft die Materie zerstäubt. Doch die Gliedmaßen würden unter der vollen ätherischen Wirkung der genannten vier Tierkreiszeichen verhärten, »die organische Materie würde vor der Ausreifung verhornen« unter der Folge der »immer wieder sich wiederholenden Erdenleben« (ebd. 108).

Steiner legt dar, dass die Erdenkräfte durch die aufrechte Haltung des Menschen so stark einwirken könnten, dass der Mensch hier in seinen Handlungen kosmisch frei bleibe. Er erreiche hier differenzierteste Beweglichkeit. Organbildungen und Drüsentätigkeiten bestimmten nicht das Geschehen in den Gliedmaßen, die Muskeln könnten trotz Verbindung mit dem Ätherleib durch Gegenwirkungen von der Erde aus sogar das freiere Astralische aufnehmen, sodass sich zwischen dem Astralleib und dem Ich ein freies Wollen entwickeln könne und allein vom Willen organisierte Handlung möglich sei.

In den Organtätigkeiten sind wir nicht frei. Wo das Astralische aber untergetaucht ist in die Physis – wie im Bewegungssystem – und zudem die Erdenkräfte von außen den kosmischen Einfluss eliminieren, da kann nach Steiner Freiraum entstehen für Handlung, die kosmisch undeterminiert ist. Das Gedankengewebe trägt eine gewisse bildhafte Determiniertheit, Freiheit zeigt sich lediglich in der aufsplitternden Materie, die vom ethisch durchdrungenen Ich erfasst werden kann. Das Muskel-Fleisch ist nach Steiner unkosmischer, ist irdischer. Insofern untersteht es den Gesetzen des Raumes, den Bewegungsmöglichkeiten im Raum. Dies ist weder bei den Gedanken noch bei den Gefühlen in der Weise der Fall. Aber wo etwas irdisch durch Handlung in die Realisation übergehen soll, da regieren die materiellen Gesetze der Erde.

An dieser Stelle möchte ich auf eine sehr zentrale Beobachtung in der Astrologie übergehen. Allein aus der Erfahrung mit der Astrologie habe ich den Tierkreis als ein erdspezifisches Entschlüsselungsfeld für Bildekräfte bezeichnet und die Planetenstruktur als energetisches Muster. Im Grunde enthält die solare Sphäre die Formen (Gebärden) der Tierkreiszeichen, die dann durch die Planeten konfiguriert werden. Die materielle Realisierung aber hat mit dem Häusersystem zu tun. Der Übergang zu diesem Häusersystem gestaltet sich mir auf folgende Art und Weise:

Im Aus- und Einatmungsprozess findet nach Steiner beim Menschen der Austausch mit dem Kosmos statt und dies scheint sich ähnlich bei der Erde abzuspielen. Rudolf Steiner vergleicht immer wieder das Ein- und Ausatmen des Menschen mit dem »Atmen« der Erde, ihrem »Ausatmen« im Sommer und »Einatmen« im Winter. In der Ekliptik müsste demnach das rhythmische System der Erde liegen, dort ist sie wohl am meisten mit dem jahreszeitlichen Rhythmus und der solaren Tierkreissphäre verbunden. Dort atmet sie diese seelisch ein und aus. Durch ihre einheitliche Kugelgestalt hat sie jedoch keine drei Systeme, besitzt kein Gedankensystem und keine Freiheits-konstituierenden Gliedmaßen. Insofern ist die Erde in ihrer Kugelgestalt insgesamt ätherisch durchzogen, ausgehend von der kreisförmigen Ekliptik.

Auch Johannes Kepler ist in seinem großen Werk, den »Harmonices Mundi« (1619) von einer lebenden Erde ausgegangen, die eine Seele besitze, die genau in der Ekliptik liege. Die Erdseele habe die Gestalt eines vollkommenen Kreises, womit er den Tierkreis meint; er vergleicht die Seele der Erde mit dem Leben des Menschen und glaubt, dass die ekliptikale Erdseele die Kraft an den Menschen vermittle. Schon Kepler war in seiner astrologischen Arbeit die Bedeutung der Ebene der Ekliptik aufgefallen. Doch er weist auch auf einen gravierenden Unterschied hin zwischen Erdseele und Menschenleben: die Erde kennt kein Oben und Unten, aber der Mensch kann sich immer nur auf der Peripherie der Erde aufhalten; für ihn gibt es Tag und Nacht. Kepler schreibt (zitiert aus »Zusammenklänge«, Jena 1918, S. 50f.): »Nun ... möchte ich einen Vergleich der Lebenskraft im Menschen mit der Seele der Erde versuchen, die die Einwirkungen des Himmels eigentlich vermittelt. Er scheint mir dadurch ermöglicht, dass die Seele der Erde ein Kreis ist, der nirgends Anfang oder Ende aufweist und nirgends Verzweigungsstellen besitzt. Aber die Lebenskraft des Menschen gleicht einem Kreise, der sich an mehreren Stellen verzweigt. Dafür liegt der Grund wieder darin, dass die Seele der Erde das Gepräge der geburtlichen Sternstellung durchaus nicht nachbildet, sondern immer die gleiche bleibt, niemals geboren wird, sich niemals entflammt. Aber die Sternenempfänglichkeit des Menschen ist bestimmt durch den nahenden Tod, daher nimmt sie das Wesentliche des Geburtseindruckes mit sich, wodurch der Tierkreis bestimmte Abschnitte des Beginnes und des Endes erhält. ... Dem Menschen bedeckt die Oberfläche der Erde die Hälfte des Himmels, für ihn sondert sie die Zeichen des Auf- und Niederganges.«

Steiner führt die Freiheitskräfte des Menschen genau auf diese Abdeckung einer Himmelshälfte durch die Erde zurück: [So] »entzieht er sich sowohl der planetarischen Einwirkung wie auch der Tierkreiswirkung, indem er auf der Erde steht und sich die andere Seite zudecken lässt von der Erde« (208;17;108).

Der Horizont, Aszendent und Deszendent, stellt genau diese Halbierung der Erde in einer Radix dar; damit sind wir beim Häusersystem der Astrologie. In den sich kreuzenden Achsen von Meridian und Aszendent kommt die irdische Räumlichkeit voll zum Ausdruck, die die Tätigkeitsfelder für den Menschen bereitstellt. (vgl. U. Voltmer, »Lebendige Astrologie – Raum und Umwelt in den 12 Horoskopfeldern«). Das energetische Spektrum, das individuelle Gedankengewebe, ausgedrückt durch die individuellen Planetenstellungen, muss sich mit dem irdischen dreidimensionalen Raum auseinandersetzen.

Bemerkenswert finde ich, dass die Häuser unter der Erde gemäß der astrologischen Lehre eine Analogie zu den Frühlings- und Sommerzeichen Widder bis Jungfrau aufweisen. Dass das Imum Coeli, die Tiefe des Himmels, eine Analogie zum Krebs hat, zum Sommeranfangszeichen, zeigt mir, dass hier wohl in Bezug auf das Ätherische die Verbindung mit dem Kosmos am engsten sein muss – gemäß dem Ausatmungsvorgang des Sommers der nördlichen Hemisphäre, von dem Rudolf Steiner immer wieder spricht. Astrologisch bringt man mit dem Imum Coeli, dem tiefsten Bereich unter der Erde zur Zeit der Geburt, die »Geburtswiege« in Verbindung, das elterliche geistig-seelische Milieu, das für einen frühkindlichen (kosmischen) Schutzraum steht, in dem sich das Urvertrauen entwickeln muss. Hier ist der Mensch nicht voll aufgewacht, ist noch eng mit dem Kosmos verbunden. Dieses astrologische Haus oder Feld wird in der Astrologie auch mit den kosmischen Übergängen in Zusammenhang gebracht, mit Lebensanfang und Lebensende; beide haben mit dem Imum Coeli zu tun.

Außerdem gehören zu diesem sogenannten 4. Feld die eigene Häuslichkeit, die Intimsphäre oder auch der vertraute Platz, an dem man wagt, sich schlafen zu legen, an dem wagt, sein Bewusstsein aufzugeben und sich dem Schlaf hinzugeben. Das vierte Haus, beginnend am IC, kann als eine Entsprechung dafür angesehen werden, dass der Mensch dort in seiner irdischen Existenz am meisten mit dem Kosmos verbunden ist, sich zwar irdisch verwurzelt, aber gerade durch diesen Schutzraum fähig zur kosmischen Nähe ist. Steiner nennt die Gebärde des Krebs eine des »Sich Umschließens« (208;15;72).

Die Tierkreiszeichen Waage bis Fische haben astrologisch eine Analogie zur oberen Horoskophälfte, also dem Himmelsbezirk, der bei der Geburt über dem oberen Horizont steht, der nicht von der Erde verdeckt wird. Dieser müsste mehr dem Einatmungsvorgang gleichen; hier wirkt die Außenwelt in den Menschen ein, drückt und lastet auf ihm, hier muss er sich auf sich besinnen, um handlungsfähig zu werden.

Rudolf Steiner ist in seinen Angaben zu den Tierkreiszeichen in der oben genannten Vortragsreihe leider an einer Stelle nicht ganz konsistent, vielleicht handelt es sich auch um einen Fehler in der Mitschrift seiner Vorträge. Vielleicht interpretiert er aber auch die Tierkreiszeichen in verschiedener Hinsicht, was mir nachvollziehbar erscheint. Für die folgende Zuordnung ergibt sich ein Unterschied, wenn man Angaben in den Vorträgen 15 und 17 (208; S. 72 und 110) miteinander vergleicht: Für die griechische Zeit deutet er zunächst Schütze bis Fische in Bezug auf das Bewegungssystem – wir nennen diese Zeichen in der Astrologie »kollektive« Zeichen, da sie auf überpersönliche Bereiche bezogen sind; auch stehen sie in Analogie – wie man in der Astrologie sagt – zu den Lenden bis zu den Füßen, also zu unserem Bewegungssystem. Die Zeichen Widder bis Krebs bringt Steiner mit dem »Kopfmenschen« in Verbindung. (Der Krebs hat dabei mit der »Verschalung« des Brustkorbs zu tun, den Rippen, der eine Art »offener Schädel« darstellt, wie es Steiner ausdrückt).

Das rhythmische System liege »dazwischen«, das wären also dann die Zeichen Löwe bis Skorpion (208;15;72). An einer späteren Stelle (S. 110) nennt Steiner entsprechend der früheren Angabe für die heutige Zeit die Himmelsregion der Sternbilder Fische bis Zwillinge (durch die Präzession) als zur Kopfregion gehörig, wo sich gemäß dem tropischen Tierkreis, der ja mit der Präzession mitgeht, heute immer noch die Zeichen Widder bis Krebs liegen. Die den Fischen »vorausgehenden« Zeichen Wassermann, Steinbock und Schütze, bezieht er aber an dieser Stelle nicht auf den Gliedmaßenmenschen, sondern nennt die zu Fische, Widder, Stier und Zwillinge »entgegengesetzte« Himmelsregion, also die Sternbilder Jungfrau, Waage, Skorpion, Schütze. Das rhythmische System liege »dazwischen«, wo sich demgemäß die Sternregionen Krebs/Löwe und Steinbock/Wassermann befänden (Abb.7), die ebenfalls einander gegenüber liegen;

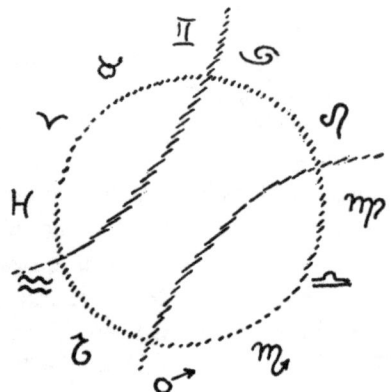

Abb. 7: Den Ausführungen Steiners im 17. Vortrag vom 30.10.21 (GA 208) ist die obige Zeichnung beigefügt, die den »Fixsternhimmel für die heutige Zeit« (ebd., S. 110) repräsentiert. Hier schildert er das rhythmische System als zwischen Kopf- und Gliedmaßensystem liegend: »Da, können wir sagen, ist der Mensch so, dass er zwischen dem Bilde und dem Keime hin- und herpendelt. (…) Es schwingt das Leben zwischen Ersterben und Beleben hin und her.« (ebd.; S. 111)
Mit »dem Bilde« meint Steiner das Gedankliche, mit »dem Keime« das Werdende, Gewollte, Handlungsabhängige.
   Dass die Tierkreiszeichen oft in umgekehrter Reihenfolge als in der Astrologie üblich abgebildet werden, hat mit der Praxis der Sternkarten zu tun: Man blickt bei diesen nach oben in ein Gewölbe hinein, das sich von unten (Süden, vor einem liegend) nach oben (hinter einem, Norden) um einem herum aufbaut, wenn sich Osten links und Westen rechts befinden. In der Astrologie zeichnet man die Tierkreiszeichen als Kreis um die Erde, wie von außen betrachtet.

nach unserem tropischen Tierkreiszeichensystem, das am Frühlingspunkt beginnt, sind das die Zeichen Löwe/Jungfrau und Wassermann/Fische.

Zuvor hat Steiner also Löwe, Jungfrau, Waage und Skorpion als zum rhythmischen und zirkulatorischen System gehörig genannt, jetzt sind es Löwe, Jungfrau und ihnen gegenüber Wassermann und Fische, wenn man die genannten Sternbilder-Bezirke auf den tropischen Tierkreis bezieht. Man sollte bei dieser Unstimmigkeit bedenken, dass es Rudolf Steiner erstens nicht um feststehende Sternbilder oder die sichtbaren leuchtenden Sterne geht, sondern um ein Verständnis der drei körperlichen Systeme und ihrer unterschiedlichen Beziehung zu kosmischen Bildekräften. Zweitens schöpft Steiner aus Imaginationen, und dabei wäre eine doppeldeutige Zuordnung tatsächlich gerechtfertigt.

In der Astrologie haben wir die Zweifachheit von Ätherwelt und Handlungswelt als Tierkreis und als Häusersystem angelegt, wobei die Tierkreiszeichen und Häuser in einer gewissen Analogie zueinander betrachtet werden. Und dennoch unterscheiden sich diese in ganz spezifischer Hinsicht. Das Energetische wird eher durch die Tierkreiszeichen deutlich, die mehr verräumlichende Perspektive oder die räumlich-zeitliche Einbindung des Menschen im irdischen Leben kommt im Häuser- oder Felderkreis zum Ausdruck. Auch haben die Tierkreiszeichen sehr viel allgemeineren Charakter als die individuell aus dem örtlichen Aufenthaltsort zu errechnenden Häuser. Die individuelle Planetenkonfiguration kommt viel deutlicher in ihrer durch die Rotation der Erde ständig sich ändernden Häuserstellung zum Ausdruck als durch ihre Tierkreisposition.

Insofern haben mit dem Zirkulationsystem, dem Organ- und Drüsenmenschen, die Zeichen Löwe bis Skorpion sehr viel mehr zu tun – gemäß Steiners erster Angabe in dem oben genannten Vortrag; ohnehin ergibt sich in Bezug auf Löwe und Jungfrau keine Unstimmigkeit bei Steiner. Außerdem weist die gesamte Sonnensphäre, die ja den tropischen Tierkreis darstellt, eine gewisse rhythmische Eigenart auf. Nicht umsonst bringt Steiner das rhythmische System insgesamt mit der Sonnensphäre in Verbindung, wobei sich die Sonne selbst noch einmal speziell als Herz manifestiere (208;16;94f.). Nach astrologischer Lehre hat die Sonne ihre »Herrschaft« im Löwen, was bedeutet, dass die Sonne in dem Himmelsbezirk, den sie im August durchwandert, in ihrer typischen Eigenart am deutlichsten zur Geltung kommt.

Die Kehrseite der solaren Kraft, die also im Löwen symbolisiert wird, könnte durchaus ihrem Gegenzeichen, dem Wassermann, entsprechen, der in der Entsprechungslehre der Astrologie als »Exil« der Sonne gilt und als sogenanntes »fixes« Luftzeichen eine ganz starke Analogie zur Ionisierung von Elektronen und zur Elektrizität aufweist, wo materielle Aufsplitterung möglich ist als Abwehr zu zentrierenden Lebenskräften (vgl. Voltmer, »Gestaltastrologie«, Das Wassermann-Prinzip, S. 105ff.). Zur Verflüchtigung von Materie haben auch die Fische (ebd., S. 158ff.) eine Analogie. Dies sind beides Zeichen, die man heute Transsaturniern unterstellt, nämlich Uranus und Neptun. In den von Steiner genannten gegenüberliegenden Zeichen kommt also durchaus der Gegensatz von Aufbau und Abbau der physischen Materie zum Ausdruck, wobei man mit dem solaren Löwen den Aufbau und mit Wassermann den Abbau in Verbindung bringen kann.

Doch in Bezug auf den Einatmungs- und Ausatmungsprozess zeigt sich für das Bewegungssystem auch die Berechtigung einer umgekehrten Zuordnung. Einatmung bedeutet für die Gliedmaßen Aufbau und Ausatmung Abbau, was Steiner mit folgendem Bild verdeutlicht:

»Das Atmungs-Blutleben zeigt Ihnen ja das, ich möchte sagen, in einem äußeren Bilde wunderbar. Der Mensch nimmt den belebenden Sauerstoff auf, der mit seinem Gliedmaßenorganismus, mit allem Beweglichen in ihm verbunden ist. Er verbindet den Sauerstoff mit dem Kohlenstoff. Der Kohlenstoff wirkt zuerst anregend als das Ertötende auf das Nerven-Sinnesleben, dann wird er ausgestoßen als das Ersterbende. Da haben wir fortwährend schon materiell das äußerste Leben im Sauerstoff, den äußersten Tod im Kohlenstoff: Ersterben – Beleben« (208;17;111).

Steiner schildert hier den Einatmungsprozess für das Gliedmaßensystem als anregend und den Ausatmungsprozess als ersterbend. Mit dem Gliedmaßensystem werden astrologisch die Herbst- und Winterzeichen von Schütze bis Fische in Verbindung gebracht, die ja im Grunde nicht mehr von den ätherischen Tierkreiskräften determiniert werden; sie unterstehen dem von außen einwirkenden zur Freiheit veranlagten Ich. Auch das zur Freiheit veranlagte Nerven-Sinnessystem zeigt eine zum sonst geschilderten ätherischen jahreszeitlichen Atmungsrhythmus gegensätzliche Zuordnung. Der Ausatmungsprozess wird von Steiner sonst mit den Sommerzeichen in Verbindung gebracht (Krebs, Löwe, Jungfrau) und als aufbauend geschildert. Im Sommer atme die Erde aus, wodurch ihr kosmische Belebungskräfte zuwüchsen. In obigem Zitat schildert Steiner im Ausatmen ein Ersterben im Nerven-Sinnessystem, auch dieses zur Freiheit veranlagte System beinhaltet offenbar einen zum Organischen gegensätzlichen Rhythmus.

Schaut man sich in der Astrologie das System des Häuserkreises näher an, dann zeigt sich in dessen Verhältnis zum Tierkreis eine ähnliche Gegensätzlichkeit:

Üblicherweise wird das erste Tierkreiszeichen, also der Widder, als zum ersten Haus in Analogie stehend angesehen und so weiter: der Stier entspricht dem zweiten Haus, die Zwillinge dem dritten, der Krebs dem vierten, der Löwe dem fünften, die Jungfrau dem sechsten. Die Häuser 1 bis 6 befinden sich »unter der Erde«, sie stellen untergegangene Himmelsbezirke unter dem Horizont dar. Diese Häuser betreffen eher die privaten, intimen Bezirke des Menschen, wo dieser auch seine Schlafstätte hat. Die obere Hälfte mit den Häusern 7 bis 12 sind öffentlicher, betreffen mehr die Eingliederung des Menschen in ein soziales System. Der Himmel »unter der Erde« wird in der Astrologie auch mit dem Rückzug des Menschen aus der äußeren öffentlichen Welt in Zusammenhang gebracht. Hier findet er auch seinen Schlaf, der oft als »kleiner Tod« bezeichnet wird, denn er stellt ein Ersterben des Wachbewusstseins dar. Allerdings ist gerade dann körperliche Regeneration möglich – gemäß dem Sprießen von Lebenskraft. Es ist zu verstehen, dass das solare 5. Haus unter der Erde liegen muss, das zudem eine Analogie zur unmittelbaren Kreativität des Menschen hat, zur intimen Liebesverbindung wie zum Aufziehen junger Kinder; es stellt einen Bereich dar, dem viele ätherische Kräfte zuwachsen müssen.

Bewusstseinsmäßig hat der Bereich nach dem Untergang des

Himmels eher die Bedeutung von Schlafen und Träumen im Gegensatz zu Wachen und nach außen Einwirken. In der Meridian-Achse mit ihren Schnittpunkten im Medium Coeli (MC) und Imum Coeli (IC), der Mitte des Himmels über der Erde und der Tiefe des Himmels unter der Erde, ist dieser Gegensatz am deutlichsten gespiegelt. Mit ihrer Analogie zu den Sommer- und Winterzeichen wird die rhythmische Eigenart des Aufwachens und Einschlafens angesprochen. Das MC, das 10. und auch das 11. Haus stellen den Menschen in seiner sozialen Funktion innerhalb der Gesellschaft dar, hier muss er wach sein; das IC und Haus 4 und 5 bezeichnen den Menschen in seinem privaten, intimen Leben, wo er auch träumen und schlafen (IC) darf und muss und wo er vieler vitaler (ätherischer) Kräfte bedarf wie im 5. Feld. Für das Ich bedeutet dies aber einen umgekehrten rhythmischen Einschlag. Es ist hier eher in einem Einatmungs- oder Winterzustand, einem weniger nach außen, in die Öffentlichkeit gerichteten Bereich.

Im Häusersystem wird also ein zweiter Rhythmus deutlich, es ist der Rhythmus zwischen Wachen, wachem Handeln nach draußen ins Kollektiv, und Schlafen, dem physischen und psychischen Rückzug in einen geschützten privaten Bereich. Rudolf Steiner hat deutlich die beiden rhythmischen Vorgänge erkannt und sie in Analogie zueinander gesetzt, doch er hat sie dann auch wieder in ihren Gegensätzlichkeiten beschrieben: der Einatmungs-/Ausatmungrhythmus ist im Grunde ein ätherisch-physicher, der Schlaf-/Wachrhythmus ein astralisch-ichhafter. Einatmen und Schlafen haben eine Analogie zueinander und Ausatmen und Wachen. Dabei überkreuzen sich diese Rhythmen in Bezug auf Ichhaftes und Ätherisches. Wenn der Mensch schläft, dann ist der ätherische Mensch dem Kosmos hingegeben und atmet aus, ist in einem Sommerzustand, doch Astralleib und Ich sind ganz auf sich bezogen, müssen nicht in die Physis einwirken, dieser Zustand entspricht ihrem Winterzustand. Im Wachzustand ist das umgekehrt. Die Physis wird abgebaut, wie die Erde im Winter, doch das handelnde Ich ist ganz der Außenwelt verpflichtet, es ist in seinem Sommerzustand.

Rudolf Steiner schildert in »Das Verhältnis der Sternenwelt zum Menschen und des Menschen zur Sternenwelt« (GA 219;10;158f. und 177f.) ausführlich diesen doppelten ineinander verschachtelten Rhythmus. Er beschreibt dieses Ineinanderwirken als eine Vorbedingung zur Ausbildung von Freiheitskräften.

Nochmals sei zusammengefasst: Der Häuserkreis bezieht sich eher auf das Handlungsfeld des Menschen, durch dieses wird das Ich und das Astralische angesprochen, gegensätzlich dazu verhält sich das Physisch-Ätherische. Wenn das Astralische sich wirksam im Wachzustand entfaltet, also ausatmet (obere Horoskophälfte), dann bedeutet dies für das Ätherische den Einatmungs- oder Winterzustand (Steinbock-Analogie der oberen Horoskophälfte). Umgekehrt ist es für den Schlafzustand: hier sind der physische und der Ätherleib im Sommerzustand und das Ich und Astralische im Winterzustand (vgl. »Das Verhältnis der Sternenwelt zum Menschen und des Menschen zur Sternenwelt«, GA 219;10;158f.):

> »Schläft der Mensch, so ist sein physischer Sommer mit dem geistigen Winter vermischt; wacht der Mensch, so ist sein physischer Winter mit dem geistigen Sommer vermischt. ... Sodass der Mensch während des Schlafes [und Wachens] ineinandergemischt hat, was die Erde zunächst für ihre entgegengesetzten Kugeloberflächen hat ... Wenn Sie die Erde nehmen: sie muss auch auf ihren verschiedenen Gebieten Sommer und Winter zugleich haben, die können Sie aber nicht ineinander schieben. Im Menschen schieben sich fortwährend Sommer und Winter ineinander. ... Weil sich im Menschen also dasjenige, was nur als Naturnotwendigkeit erscheint, wenn es in der Zeit auseinandergelegt wird, ineinanderschiebt, neutralisiert, macht ihn das zum freien Wesen. Daher gibt es kein Verständnis der Freiheit, wenn der Mensch nicht versteht, wie zu seiner physisch-ätherischen Außennatur, in der Sommer und Winter sein kann, jeweilig die entgegengesetzten Winter und Sommer seines geistigen Lebens neutralisierend hinzukommen.« (29.12.1922)

Diese Ausführungen Steiners lassen sich unschwer mit dem in der Astrologie ineinanderwirkenden Tierkreis und Häuserkreis in Beziehung setzen; denn die Frühlings- und Sommerzeichen stehen in Analogie zu den »Nachthäusern« (so können die Häuser unter der Erde genannt werden) und die Winterzeichen stehen in Analogie zu den oberen »Tageshäusern«. Dies ist eine grundsätzliche Analogie. Astrologisch muss man allerdings wissen, dass die oberen Häuser nicht unbedingt den Tag anzeigen, bei einer Nachtgeburt etwa ist die Hälfte über dem Horizont dunkel, dann beleuchtet die Sonne die verdeckte Erdhälfte. Das gilt auch für die Tierkreiszeichen: Sommer ist nur dann, wenn die Sonne im Krebs steht, die Stellung eines Planeten im Krebs zeigt noch keinen Sommer an. Bei der obigen Darstellung handelt es sich um eine grundlegende Analogie oder Metapher, keine individuelle Ausprägung.

Tatsächlich stellt der Häuserkreis die Handlungsebene dar und da bedeutet eine ätherische Steinbock- oder Winter-Analogie, die die oberen Häuser aufweisen, eben das Nach-außengerichtet-Sein des Ichs in seinem Wachzustand. In diesem Zusammenhang erweist sich auch noch in planetarer Hinsicht die MC-Analogie zum 10. Tierkreiszeichen Steinbock, der gemäß der astrologischen Lehre vom Saturn beherrscht wird, als anthroposophisch nachvollziehbar: Das Ersterben der Materie im Sinnes- oder Kopfsystem wird von Steiner als dem Saturn zugehörig betrachtet (208;16;86ff.). Es muss Materie sterben, damit Selbst-Gewolltes werden kann; die intendierte Handlung benötigt das vom Willen durchdrungene Gedankliche, wo die Materie stirbt (Saturn). Genau dort setzt das *Handlung-werden-Wollen* an – und dies zeigt sich astrologisch wieder am deutlichsten am MC und in seiner Analogie zum Steinbock; das 10. Haus am MC gilt astrologisch als Saturn-Haus.

Es gibt in Bezug auf den Kopf unterschiedliche Zuordnungen, die in der astrologischen Lehre zum Ausdruck kommen und von Rudolf Steiner genannt werden. So kann der Kopf durchaus unter verschiedenen Gesichtspunkten betrachtet werden:
– Einerseits hat er eine Widder-Analogie in seiner den Geburtsvorgang einleitenden und bahnenden Funktion – dies solange

der Mensch noch ungeboren ist oder nur in seiner körperlichen Formgebung betrachtet wird.

– Andererseits steht nach Steiner der Saturn mit dem Kopf in Verbindung – dies in Bezug auf das Sinnessystem. Astrologisch bringt man mit Saturn den Knochen und alle stark formenden, abschließenden, konzentrierenden Funktionen im Körper in Verbindung. Saturn wird allen harten festen Materialien zugeordnet, dazu gehören auch die Schädelknochen oder die zum Absterben neigenden Ausformungen im Körper wie die Verhornungen. Auch alle Apparate und Geräte haben eine Analogie zu Saturn. Steiner nennt den Saturn etwa in Bezug auf die Sinnesorgane in ihrer Funktion als »physikalische Apparate« (208; 16;92).

Das Zeichen Steinbock verbindet Steiner aber auch mit den Gliedmaßen, insbesondere mit den Knien, die im Grunde das gesamte Gewicht des Körpers tragen müssen und dessen Schwerpunkt modifizieren, damit der Mensch sich halten kann. Auch diese Zuordnung stimmt mit der klassischen Lehre der Astrologie vollkommen überein. Saturn hat eine Analogie zu allen Festigkeit-schaffenden Prozessen, zu Halt, Sicherheit und Standvermögen. Interessant ist, dass also Kopf und Gliedmaßen, Sinnessystem und Handlungssystem eine Saturn-Analogie aufweisen.

Der saturnische Steinbock symbolisiert als »kardinales Erdzeichen« Strukturierung, sich herausbildende (kardinal) Härte, Kristallisierung, Felsen. Es muss daher wahr sein, dass diese saturnale Bildkraft der Verhärtung nicht voll im Menschen wirksam werden darf – am stärksten noch im Knochensystem –, sonst würde der Mensch und insbesondere seine Steinbock-Organe wie etwa die Knie völlig »verholzen«, wie Steiner dies nennt. Die saturnischen Knie ermöglichen jedoch gerade Bewegung.

Es sind Wintertierkreiszeichen, also Tierkreiszeichen, welche die Sonne im Winter der nördlichen Hemisphäre durchläuft, die die Bewegung im Raum symbolisieren. Es ist bemerkenswert, dass über die Wintertierkreiszeichen die Anbindung an das

Häusersystem der Astrologie geschaffen wird. Die astrologischen Häuser betreffen die Raumausrichtungen und damit die Bewegungsmöglichkeiten des Menschen. Auffallend ist in der Astrologie, dass das 10. Haus oder das Medium Coeli mit seiner Steinbock-Analogie das am meisten nach außen gerichtete Haus darstellt. Im Sommer dünstet die Erde aus und verbindet sich mit dem Kosmos; im Winter besinnt sie sich auf sich selbst, schließt sich vom Kosmos ab, friert und zieht sich zusammen. Diese beiden Seiten finden beim Menschen ihre Parallele, wenn er im 4. Feld sein Bewusstsein in die kosmische Weite entlassen darf (Sommer, Krebs, IC, Mond) und wenn er sich mit wachem Bewusstsein auf sich und seine Anliegen in der Welt besinnt (Winter, Steinbock, MC, Saturn). Das 10. Haus ist die irdische gesellschaftliche Öffentlichkeit, wo man seine eigene soziale Stellung im Sozialgefüge bewusst und aufmerksam in Wachheit auszufüllen hat. Wenn es um den Schlaf-/Wachrhythmus geht, so ist dieser am deutlichsten in der Meridianachse symbolisiert. Allerdings betreffen alle Häuser den Handlungsspielraum eines Menschen, auch die unter der Erde befindlichen Häuser und sind insofern astralisch-ichhafter Natur. Genau an dieser Stelle endet auch ihre Analogie zu den Tierkreiszeichen, denn die Häuser stellen den Handlungsraum für unsere ethischen Impulse und unsere Freiheitskräfte dar. Bewertungen finden nach Steiner gerade im Schlafzustand statt; das zeigt, dass dieser sich nicht mit dem »Winterzustand« des Physisch-Ätherischen vergleichen lässt, wenn sich dieses am Tage verbraucht.

Der Wach-/Schlafrhythmus wird für Steiner in seinen menschlichen Spezifika erst durch die moralischen Freiheitskräfte des Menschen verstehbar. Symbolisiert ist dies astrologisch in jedem Geburtshoroskop durch die individuellen Achsen von Meridian und Horizont, dem »materiellen Kreuz« der Erde. Der Mensch steht unter diesem Kreuz und hat es in Selbstverantwortung zu tragen. Nach Steiner ist der astralische Leib der »Richter« der Seele, denn er bedinge Gefühle, die aus dem Gewissen erwüchsen; sie entwickelten sich vor allem im Schlaf und durchtränkten dann unbewusst das Wachbewusstsein.

Laut Steiner entzieht sich der Mensch durch seinen aufrechten Gang den Tierkreis-Bildekräften von Fische, Wassermann, Steinbock und Schütze, sie sind nicht ganz ins Organische übergegangen. So ermöglichen sie gerade die räumliche Orientierung. Unter den Radialkräften der Erde kann sich der Mensch frei bewegen, hat die Hände frei, unterliegt nicht seinen Instinkten, wird ein Kulturwesen. Dies bedingt letztendlich auch die Verantwortung des Menschen für sein Kollektiv und die Erde. Im astrologischen Häuserkreis erscheinen diese eher überpersönlichen Verantwortungsfelder für den Einzelnen als die oberen Häuser, im Grunde vom achten bis zwölften Haus, als die Ausrichtung des Menschen auf seine soziale Stellung innerhalb seinem gesellschaftlichen System. Hier greifen die astrologischen Kräfte vor allem auch ins Gedankenleben ein, um es auf Verantwortungen in der jeweiligen Kultur zu richten. Die Auseinandersetzung mit der eigenen Kultur und ihr Hinterfragen wird durch die obere Horoskophälfte angezeigt, während die untere durch ihren mehr privaten Charakter stärker in die jeweiligen kulturellen Verhältnisse einbindet. Kollektive, übergeordnete Fragen werden in der Astrologie aus den Horoskophäusern der oberen Hälfte gedeutet.

Jeder Mensch hat all diese Häuser in seiner Radix, allerdings unterschiedlich gefärbt und planetar geprägt; sein Verhältnis zu den verschiedenen Lebensbereichen ist unterschiedlich veranlagt. Die Bereiche der Herausforderung, des Konflikts und der Integration liegen bei jedem Menschen auf anderen Gebieten. Durch die Häuser wird angezeigt, auf welchen Feldern sich der Mensch erproben könnte, um so sein inneres Chaos, die zu Anfang erwähnte Kehrseite seiner individuellen karmischen Gedankenmuster, in Bahnen zu lenken, um zu sinnvollen Taten zu kommen und das Leiden an sich selbst zu überwinden. Nichts ist in einem Horoskop individueller als das Häusersystem und das Verhältnis der Planeten zu Aszendent und MC.

Die irdische Plattform möglichen Handelns ist im astrologischen Häuserkreis symbolisiert. Was in diesem Handlungs-Gerüst der Häuser nicht gelebt und umgesetzt wird, was nicht in

– von einem selbst als sinnvoll beurteilte – Taten überführt wird, was unbewusst bleibt oder verdrängt wird, treibt im Menschen sein Unwesen – das zeigt die Erfahrung mit Biografien und die Arbeit mit dem Horoskop immer wieder. Wir müssen uns im Grunde durch Selbstbestimmung von unserem Getriebensein und den zwanghaften Handlungen erlösen. Das funktioniert allerdings nur, wenn wir Kenntnis davon haben. Ich meine nicht, dass Astrologie die einzige Möglichkeit ist, Kenntnis davon zu erhalten, aber ich glaube, dass sie eine gute Möglichkeit dazu darstellt, die zudem gerade intellektuell veranlagten Menschen liegt. Allerdings: einen persönlichen Initiationsweg zu gehen, das erspart auch keine Astrologie. Es gibt keine kurzen Wege – wie das heute in der Esoterik so oft versprochen wird; es gibt nur ein lebenslanges, mühsames und nicht das Leiden aussparendes Suchen. Der Weg geht durch unsere Sozialisation hindurch, durch die Möglichkeiten, die die menschliche Kultur bereitstellt. Doch er beinhaltet auch Innovationen und Änderungen.

Wer jedoch kollektive Änderungen herbeiführen wird, wer an gesellschaftlich wichtiger Stelle irgendwann einmal für viele andere Menschen schicksalsbestimmende Entscheidungen zu treffen haben wird, das zeigt kein Geburtshoroskop an, das kann nicht nur mit astrologischen Faktoren zusammenhängen. Bisher ist es mir ein Rätsel geblieben, wodurch solches Wirksamwerden eines Menschen angezeigt werden könnte.

Eines muss man immer in der Astrologie auseinander halten: Wenn man weiß, dass man eine Radix eines geschichtlich einflussreichen Menschen vor sich hat, dann lässt sich dessen Wirken in seinen astrologischen Bezügen zeigen, wollte man aber aus der Radix eines Unbekannten herausdeuten, ob die dahinterstehende Persönlichkeit in überdurchschnittlichem Maße das kollektive Geschehen beeinflussen wird, dann wüsste ich keine Deutungs-Methode zu nennen, die dies sicher zuließe – auch keine vorgeburtlichen Finsternishoroskope oder andere vorgeschlagenen Methoden können so etwas wirklich leisten. Es liegt in der Frage nach der Kulturwirksamkeit eines Menschen eine Grenze der Astrologie. Das Wirken in einer Kultur hat mit Freiheitskräften zu tun; hier dürfte der Hinweis Rudolf Steiners zum Tragen kommen, dass der Mensch in seinem Bewegungs- und Handlungssystem, durch das er zum Kulturwesen wird, keinem irgendwie gearteten kosmischen Zwang unterliegt.

An Stelle eines Schlussworts: Astrologie als kultur-spezifische Weltinterpretation verstanden

Unsere abendländische Kultur zeigt ganz spezifische Züge, seit den Griechen haben wir es in unserer Kultur mit zentralen Erkenntnisfragen zu tun. Dabei geht es um die vernunftsmäßige Selbstständigkeit des Menschen. Man kann es schon als traditionell bezeichnen, dass in unserer Gesellschaft der Individualismus verankert ist, es geht um die Selbstverantwortlichkeit des Einzelnen, was sich auch in unserem Rechtssystem ausdrückt. Auf babylonischer, ägyptischer und griechischer Tradition, die eine starke Sonnenzentriertheit in ihrem Mythos aufweist, fußt unsere individuelle Astrologie. Im System unserer abendländischen Astrologie kommt genau diese Sonnenzentriertheit, wie sie in der ägyptischen und griechischen Kultur angelegt ist, zum Ausdruck. Der Sonnenmythos hat sich auch in unserer westlichen, vom Christentum geprägten Kultur, fortgesetzt. Letzten Endes stellt der Christusweg selbst, wie dies gerade Rudolf Steiner immer wieder betont, ein Sonnenmysterium dar.

Seit es eine individuelle Astrologie gibt, die für jede Geburt einen Aszendenten oder einen »Horoskopos« (griech. horosskopos = Stundenanzeiger) berechnen kann, basiert diese Astrologie auf der Umlaufbahn von Erde und Sonne, auf der Ekliptik – und dies seit 2000 Jahren. Dabei sind die zwölf Tierkreiszeichen in gleich große Abschnitte eingeteilt ohne Breitenausdehnung nach unten oder oben, es handelt sich beim tropischen Tierkreis um eine hauchdünne Kreisebene ohne Ausdehnung – andernfalls wäre ein genauer Aszendent, Schnittpunkt zwischen

Zodiakus und Horizont, nicht berechenbar. Würde man ein Ekliptik-Band annehmen mit einer gewissen räumlichen Ausdehnung, so wäre es unmöglich, einen Schnittpunkt auszurechnen.

Wenn man von einem individuellen Horoskop spricht, dann beinhaltet dies immer die Berücksichtigung der Geburtszeit. Nur dann kann man davon ausgehen, dass das Individualisierende erfasst werden kann. Erst mit der Beachtung der Drehung der Erde und damit der Berechnung des Horizonts, also dem Geburtszeitpunkt, kann man in diesem Sinne von individueller Astrologie reden.

Wilhelm Knappich führt dazu aus (vgl. Knappich S. 1f.): »Die individuelle Astrologie oder Geburtshoroskopie ist wohl aus der allgemeinen oder Mundanastrologie hervorgegangen. … Die Geburtshoroskopie, die von einem tatsächlichen, auf Horizont und Tierkreis bezogenen Planetenstand ausgeht und daraus Prognosen ziehen will, setzt das Vorhandensein folgender Faktoren voraus: 1) Eine zuverlässige Planetentheorie … 2) Einen Messkreis … 3) Eine Theorie der Aufgangszeiten (…); der 3. Faktor, ein Erzeugnis griechischer Mathematiker, kam erst im 3. und 2. Jahrhundert v. Chr. hinzu und ermöglichte erst die Errechnung eines vollständigen Horoskops.«

Knappich geht dann im Folgenden auf archäologische Funde ein; er erörtert ein Horoskop vom 1. März des Jahres 142 v. Chr. und bezieht sich auf den Übersetzer P. Kugler: »Ist Kuglers Annahme richtig, so wäre das die erstmalige Angabe des aufsteigenden Zeichens in einem Horoskop« (ebd.). Weitere Funde zeigen dann die ersten individuellen Horoskope in Griechenland mit einem »horoskopos«, einem genau angegebenen Aszendenten. Man hat hier schon die Sonnenumlaufbahn, den solaren Zodiak, als Messkreis benutzt.

Die solare Ebene war bei den Griechen in gleich große Sektoren eingeteilt; diese waren nach den Sternbildern benannt, die sich dort befanden. Aber – wie schon gesagt – sie nahmen wohl die solare Ebene als Grundlage für die individuellen Horoskope, keine wesenhaften Sternbilder mit unterschiedlichen Ausdehnungen und Überlappungen. Auch die Technik der Transite wird auf der Ebene der Ekliptik berechnet; Transite kommen nicht durch Berührung von Planetenkörpern mit den wahren Planetenorten des Geburtshoroskops zustande, sondern durch die Projektionspunkte der Planeten auf der Sonnenumlaufbahn. Die astrologische Technik der Solare wie auch der Sekundärdirektionen zeigen ebenfalls die Sonnenorientiertheit unserer Astrologie. Solare sind Jahreshoroskope, die auf die genaue Wiederkehr des Erd-Sonne-Verhältnisses der Geburt gestellt werden. Sekundäre bringen die tägliche Rotationsbewegung und jährliche Revolution in Beziehung zueinander. Dabei wird ein Tag für ein Jahr genommen, was eine Sonnenwegs-Entsprechung dartellt.

Diese abendländische Horoskop-Technik ist nicht in allen Kulturen gleich, sie impliziert ein bestimmtes Menschenbild, auf Individualität und Selbstbestimmung, Selbstverantwortung und Freiheit hin ausgerichtet. Sie unterstellt eine Kultur, die die Sonnenebene für sich als überaus bedeutsam erkennen kann.

Die Sonne ist in der Astrologie genau der Faktor, der das Selbst, das Selbstbewusstsein und die Individualität anzeigt. Da in der griechischen Gesellschaft die Entwickung des Menschen im Hinblick auf die Ausprägung solarer Eigenschaften mehr und mehr gewünscht wurde, mussten auch die entsprechenden kosmischen Faktoren entdeckt werden. Astrologie ist immer auch Form einer bestimmten Weltanschauung. Sie stimmt, weil die Menschen sich in entsprechender Richtung erziehen und handeln, weil sie im gesellschaftlichen Kollektiv normativ bestimmten kulturspezifischen Werten folgen.

Verständlich wird durch diese Überlegungen auch, dass unsere solar ausgerichtete Astrologie für uns heutige Menschen Gültigkeit besitzt, da wir in unserer Gesellschaft das Individuum ins Zentrum stellen – da spielen möglicherweise Mondstationen der chinesischen Astrologie eine weit weniger wichtige Rolle.

Unsere moderne Astrologie muss darüber hinaus auch psychologischer verstanden werden als früher, weil wir durch unsere Bewusstseinsentwicklung mehr und mehr in unseren Handlungs-Möglichkeiten frei werden und determinierende Momente als psychologischer empfinden. Wir erleben heutzutage die Auseinandersetzungen und Konflikte, die man astrologisch in einem Geburtshoroskop erkennen kann, viel stärker psychisch oder psychosomatisch als in einem früheren Jahrhundert. Wir bedienen uns auch ganz konkret im gegenseitigen Konkurrenzkampf eher psychologisch subtiler Methoden, wir setzen uns im Allgemeinen weniger mit Schwert und Faust durch.

Ein kollektiver »Archetypus«, der eigenlich in jedem Menschen einer Kultur zu finden ist, ist etwas, was durch eine Kultur unbewusst als symbolisches Urprinzip vermittelt wird und dabei in bestimmten bildhaften, erzählerischen Formen und Charakteristika auftritt, in Mythen und Märchen, in Gleichnissen und Metaphern, in Bildern und Symbolen. Archetypen sind im Grunde oft auch personifizierte solare, planetare oder Tierkreiszeichen-Bildekräfte. Die griechischen Götter und andere mythologische Gestalten sind Beispiele, obwohl manche Prinzipien eher in ihrer Verzerrung aufzutreten scheinen.

Es ist von der jeweiligen Kultur abhängig, über welche symbolische Gestalten Planetenprinzipien vermittelt werden. In einer gemeinsamen Kultur gibt es Ähnlichkeiten zwischen den archetypischen Bildern im Unbewussten des Menschen und den mythologischen Gestalten oder auch denen der Volksmärchen. Im Unbewussten müssen genau die Gestalten oder Prototypen wirksam sein, die auch in der Kultur als normative Werte oder Unwerte leben.

Archetypisch bildet sich eine Kultur im kollektiven Unbewussten ab. So können wir unser inneres Erleben auch als Spielfeld innerer Handlungsgestalten empfinden. Insofern findet und erkennt eine Kultur diejenigen kosmischen Faktoren, die sie als relevant für das eigene Leben und Erleben ansieht. Das eine bedingt das andere. Kosmische Verläufe bedingen bestimmte menschliche Kulturleistungen und eine bestimmte Kultur entdeckt das Adäquate im Kosmos.

Rudolf Steiner geht auf solche kosmischen Bedingtheiten an vielen Stellen seines Werks ein; er sieht sie von hohen geistigen Wesenheiten gelenkt, die er mit dem gesamten Weltall in Beziehung bringt. Aber er sieht auch regionale Unterschiede auf der Erdkugel zur Wirksamkeit kommen.

Vieles davon schlägt sich in unseren verschiedenen Sprachen nieder. Geht man etymologisch einmal in die Wortbedeutungen hinein, dann kann man die inneren »esoterischen« Zusammenhänge vieler Begriffe entdecken. Was als Urbilder in der Sprache verborgen lebt, das ist auch in der Kultur als prägende Kraft vorhanden. Insofern hat die Sprache für den Menschen mentalitätsbildende Kraft. Rudolf Steiner deutet die menschliche Sprache als den *Rückschlag* der kosmischen Einflüsse aus dem rhythmischen Atemsystem des Menschen. Die Konsonanten bringt er mit den Formkräften des Tierkreises in Zusammenhang, die Vokale mit den planetaren Lebenskräften (208;16;98), beide leben im zur Sprache umgeformten Ausatmungsprozess des Menschen, ein dem Willen verwandter Vorgang mit handelndem Einschlag.

Das Sprechen und Denken wird auch in der Philosophie heute als »Handlung« bezeichnet, man spricht beim Sprechen etwa von »Zeigehandlungen«. Wer Kenntnis von der Sprachbildung hat, der wird aus der Art eines Menschen zu sprechen vieles über seine Veranlagung und seine Entwicklung erfahren – man müsste dazu auch wieder einiges aus dem Horoskop entnehmen können, wenn es dazu auch noch keine Deutungsbücher gibt. Es könnten grundsätzliche Eigenheiten sein, die in einer Radix enthalten sind. Doch man bedenke: Auf welcher Ebene sich das Horoskop im Leben des Menschen manifestiert, ist nicht ersichtlich. Unter der Ebene versteht man einen bestimmten Bereich: man erkennt nicht astrologisch, ob ein Mensch seine Anlage eher physisch oder psychisch auslebt, eher intellektuell gedanklich oder über soziale Handlungen.

Was sich beispielsweise von den Konstellationen somatisiert und direkt ausdrückt oder was eher im Inneren abläuft, das kann nur mit dem Betreffenden gemeinsam herausgefunden werden. Was als Krankheit auftritt, was als seelisches Problem und was als schicksalhaftes äußeres Geschehen – das ist allein aus der Radix nicht erschließbar. All dies hängt nicht zuletzt auch mit den Zivilisationsbedingungen, hygienischen und sozialen Verhältnissen und kulturellen Gepflogenheiten zusammen (vgl. Hover/Voltmer 1999).

Wo in anderen Kulturen andere mythologische Gestalten leben, da sind auch entsprechend andere im Unbewussten der Menschen vorhanden, da haben sich auch entsprechende Kräfte in den Sprachen, Riten und Bräuchen niedergelegt. Und dies findet wieder seinen Niederschlag in der Art von Astrologie, die eine Kultur besitzt. In welche Gestalten die planetaren Kräfte gekleidet sind, das kann von Kultur zu Kultur sehr unterschiedlich sein.

Da unser westliches Leben durch eine solare Anschauung geprägt ist, muss sie auch eine sonnenorientierte Astrologie besitzen und muss mythologische Gestalten wie Orpheus oder Herakles hervorbringen (vgl. Olga von Ungern-Sternberg, »Grundlagen kosmischen Ichbewusstseins – Die seelengestaltende Macht des Tierkreises im Heraklesmythos«, Freiburg 1977). Da unsere Sozialisierung im Hinblick auf solare Kräfte geschieht, auf Selbstbestimmung und Individualität ausgerichtet ist, wundert es nicht, dass wir in der Astrologie untersuchen, wie die für uns als so bestimmend empfundene solare Kraft modifiziert wird.

Durch die Planeten wird die ekliptikale Sonnensphäre modifiziert. Und wir deuten den Moment der Geburt mit allen darin enthaltenen Rhythmen und Bewegungen, wenn wir den Blick auf das Horoskop richten. In der Sonnensphäre sind die alten Sternbildgestalten in Form ihrer Gebärden eingefangen. Es sind »Urgebärden«, die auch in den Symbolgestalten der Mythologie und deren Aufgabenstellungen zum Ausdruck kommen. Diese haben eine Wirksamkeit in unserer Seele, so wie auch für uns die solare Astrologie gültig ist; denn wir haben unsere Kultur darauf abgestimmt.

Kulturleistung ist durchaus auch kosmisch bedingt, hat aber demgegenüber auch wieder Rückwirkung auf das, was aus dem Kosmos in der Menschheit seine Wirksamkeit entfalten kann. Durchaus kann man die kosmischen Möglichkeiten generell als vielfältiger und umfassender ansehen als das, was durch die

Menschen einer Kultur zum Ausdruck kommt. Wenn wir dies konsequent weiterdenken, dann sehen wir auch unsere kulturelle Verantwortung und unsere Möglichkeiten, die wir im Hinblick auf die kosmischen Kräfte haben. Denn wir stellen durch unsere Kultur ja eigentlich Auswirkungsfelder für die kosmischen Kräfte als solche bereit, die in uns und durch uns Menschen zur Wirksamkeit kommen können.

So wie wir von Zeit zu Zeit neue wirksame astrologische Faktoren entdecken, so entwickeln wir diese auch in uns selbst. Dies geschah in unserem Jahrhundert mehrmals, nach Rudolf Steiner haben wir Pluto entdeckt, die Kraft der Metamorphose in uns, seit 1990 sind es viele »kometare« Kleinplaneten, Chiron ist der bekannteste. Schon beginnen wir, astrologische Relevanz in ihnen zu bemerken. Wir können aber nur entdecken, wozu wir bereit sind. Und haben wir es erst einmal entdeckt, dann haben wir dem Kosmos damit auch schon neue Manifestationsmöglichkeiten geschaffen. Aber es sind nicht nur die Entdeckungen, die Neues bringen, es sind auch neue Sichtweisen und Auslegungsmöglichkeiten der bekannten astrologischen Faktoren. Sie befinden sich ständig im Wandel, so wie auch wir uns als Menschen immer weiter entwickeln. Hoffen wir für uns und die Astrologie, dass eine befreiende erkenntnisreiche Zukunft vor uns liegt.

Rudolf Steiner ist auf den evolutiven Entwicklungsgang des Menschen in seinem Verhältnis zum Kosmos in den »Anthroposophischen Leitsätzen« (1924/25) sehr genau eingegangen. In Bezug auf die verschiedenen Weltanschauungen nennt Steiner zwei Gründe, wie deren Unterschiedlichkeit zu erklären sei; zum einen kämen in ihnen unterschiedliche Entwicklungsphasen der Menschheit zum Ausdruck, zum anderen verschiedene geistig-kosmische Vorgänge:

»Und im Erdenbereich entwickelten sich die Völker so, daß sie in verschiedener Zeitenlänge den einen oder andern Weltanschauungsinhalt festhalten, so dass *neben*einander Weltanschauungen leben, die ihrem Wesen gemäß *nach*einanderliegen. – Nur rühren die verschiedenen Weltanschauungen der Völker nicht allein von dieser Tatsache her, sondern auch davon, dass nach ihren Anlagen die verschiedenen Völker verschiedenes schauten.« (GA 26;172)

Mit »Anlagen« meint Steiner Erkenntnisfähigkeiten und -möglichkeiten. Diese sind eng mit dem verbunden, was »geschaut« wird und somit in einer Kultur zur Wirksamkeit kommen kann. Erkenntniskraft und Geschautes sind die zwei Seiten einer Medaille; sie sind nicht auseinanderzudenken. Was als »ontologische« kosmische Wirklichkeit erfahren wird, hängt mit dem eigenen Erkenntnisvermögen des Menschen zusammen.

In Bezug auf Mensch und Kosmos benennt Steiner, was sich verändert habe; er spricht davon, dass sich im Kosmos und damit auch im Menschen selbst über die Zeiten hinweg die Wirksamkeit des Geistig-Göttlichen verlagert habe. So wie das Göttliche einmal in der Sternenwelt gefunden werden konnte, so ist dieses heute nicht mehr der Fall, es sei vielmehr auf den Menschen übergegangen. Nicht mehr geistige Offenbarung könne in den Sternen erfahren werden, sondern sie müsse heute als eine nach göttlicher Ordnung gestalteten Werkwelt begriffen werden. »Er [der Mensch] lebt als Gott-durchdrungenes Wesen [heute] in einer nicht Gott-durchdrungenen Welt« (26;96). Steiner beschreibt zuvor eine kosmisch-geistige Veränderung, die sich bis in die jüngste Vergangenheit hinein zugetragen habe und weiter zutrage. Damit habe auch eine ganz bestimmte geistige Wesenheit Gelegenheit gefunden, in unserem Menschendasein zur Wirksamkeit zu kommen, diese sei »Verwalter der kosmischen Intelligenz« (26;90), die Steiner mit dem Namen »Michael« benennt: »Er tritt, um bei dem Gegenstande seiner Verwaltung zu bleiben, den Weg vom Kosmos zu der Menschheit an. Er ist auf diesem Wege seit dem achten nachchristlichen Jahrhundert, ist aber eigentlich angekommen bei seinem Erdenamte, in das sich sein kosmisches Amt verwandelt hat, erst im letzten Drittel des neunzehnten Jahrhunderts.« (26;91)

Was Steiner dann schildert, ist ein großer Entfaltungsweg von Freiheit, den der Mensch in Zukunft einschlagen kann, ein selbstgewählter Weg in innigster kosmischer Verbundenheit, Liebe und Verantwortung. »Der Mensch aber wird *frei* sein und doch in inniger Gemeinschaft mit Christus seinen Geist-Lebensweg durch den Kosmos gehen.« (26;92)

»Michael rechnet es sich zur tiefsten Befriedigung an, dass es ihm gelungen ist, die Sternenwelt *durch den Menschen* noch unmittelbar mit dem Göttlich-Geistigen auf die folgende Art verbunden zu halten. Wenn der Mensch, nachdem er das Leben zwischen dem Tode und einer neuen Geburt vollbracht hat, wieder den Weg zu einem neuen Erdendasein antritt, dann *sucht* er beim Herabstieg zu diesem Dasein eine Harmonie zwischen dem Sternengang und seinem Erdenleben herzustellen. Diese Harmonie, die vor Zeiten selbstverständlich da war, weil das Göttlich-Geistige in den Sternen wirkte, in denen auch das Menschenleben seinen Quell hatte: sie würde heute, wo der Sternengang bloß die *Wirksamkeit* des Göttlich-Geistigen fortsetzt, nicht da sein, wenn der Mensch sie nicht suchte. Er bringt sein aus früherer Zeit bewahrtes Göttlich-Geistiges in ein Verhältnis zu den Sternen, die ihr Göttlich-Geistiges nur noch als Nachwirkung einer früheren Zeit in sich haben. Dadurch kommt ein Göttliches in das Verhältnis des Menschen zur Welt, das früheren Zeiten entspricht, doch aber in späteren Zeiten *erscheint*.« (25.10.1924)

Damit hat Steiner im Grunde die wesentliche Aufgabe einer zukünftigen Menschheit umrissen, die allerdings nur als freigewählte gelingen kann. Dass auf diesem Weg der Freiheit dem Menschen Gegenkräfte begegnen, liegt im Wesen der Freiheit begründet. Aber es besteht auch die Chance, dass über den Weg durch das Menschenwesen der Kosmos sich wandelt und neu ersteht, dass sich eine große geistige Metamorphose entfaltet und darüber sich ein neues Wesen offenbart. Wenn der Mensch den Kosmos als eine göttliche kosmische Werkwelt zu erkennen lernt, dann trägt er das Geistige wieder in ihn hinein, das heute auf den Menschen übergegangen ist.

Steiner hat in seinem Werk eine Kosmologie entworfen, die in der menschlichen Erkenntnis- und Erlebensleistung immer auch ein kosmisches Sein erkennt. Damit stellt die kosmische Evolution zugleich eine Erkenntnis-Evolution dar. Geist entfaltet sich in seiner Darstellung durch den Menschen. Die menschliche Zukunft sieht Steiner in Abhängigkeit von dieser Erkenntnis. Denn nur wenn der Mensch dies als seine Aufgabe begreift, kann sie bewusst und frei gewählt werden, nur dann kann der Kosmos werden, was er als Möglichkeiten in sich trägt (26;96).

»Nicht mehr dieselbe Wesenheit, die einst als Kosmos war, wird da durch die Menschheit aufleuchten. Das Göttlich-Geistige wird im Durchgang durch das Menschentum ein Wesen erleben, das es vorher nicht offenbarte.« (25.10.1924)

Anhang

Das lemniskatische Bewegungsmuster des tropischen Tierkreises

Die Ebene der Ekliptik, in der sich der Tierkreis befindet, stellt die Umlaufbahn von Erde und Sonne dar. Dabei wird der tropische Tierkreis durch die Frühlings- und Herbst-Äquinoxpunkte und Sommer- und Winter-Wendepunkte bestimmt. Hier beginnen die sog. kardinalen Tierkreiszeichen Widder, Waage, Krebs und Steinbock. Wenn die Sonne in eines dieser Tierkreiszeichen eintritt, dann beginnt eine neue Jahreszeit. In der Astrologie deutet man jedoch nicht nur die Sonne in einem bestimmten Tierkreiszeichen, sondern auch jeden anderen Horoskopfaktor, ob einen Planeten oder eine Achse wie Meridian und Horizont. Die »Wirkung« oder Bedeutung eines Tierkreiszeichens kann nicht nur mit jahreszeitlichen Besonderheiten zusammenhängen. Ohnehin gelten die Tierkreiszeichen gleichermaßen für die Nord- und Südhalbkugel. Die Australier, die als Einwanderer in der Tradition der abendländisch westlichen Kultur stehen, messen den Tierkreiszeichen dieselbe Bedeutung zu wie wir, die auf der nördlichen Hemisphäre lebenden Menschen.

Die südliche Hemisphäre stellt nicht einfach eine Umkehrung der nördlichen dar. Die Landmassen und Meeresausmaße sind ungleich; es gibt auf der Südhalbkugel etwa so viel Meer wie auf der Nordhalbkugel Land. Am Nordpol befindet sich unter dem ewigen Eis Meer, am Südpol, der Antarktis, Land. Was die kulturelle Entwicklung der Menschheit betrifft, so scheint sich die Wiege der heutigen Menschheit auf der Nordhalbkugel zu befinden. Erdgeschichtliche Momente zeigen ebenfalls, dass

Nord- und Südhalbkugel nicht kongruent zueinander zu betrachten sind. In Bezug auf die Jahreszeiten zeigen sich umgekehrte Verhältnisse. So bedeutet der Widder den Herbstanfang auf der Südhalbkugel; auf der Nordhalbkugel beginnt der Herbst mit der Waage. Insofern müsste bei den gegenüberliegenden Tierkreiszeichen eine gewisse Ähnlichkeit auszumachen sein, was auch durchaus der Fall ist. So liegt einem kardinalen Zeichen auch ein kardinales gegenüber, auch gehören gegenüberliegende Zeichen der gleichen Polarität an, wie man in der Astrologie sagt; sie sind beide aktiv oder passiv beziehungsweise zentrifugal oder zentripetal, plus oder minus.

Die Strömungsverhältnisse der Winde und Meere werden im Norden wie im Süden von der Drehung der Erde von Westen nach Osten bestimmt. Im Norden wie im Süden gehen die Sonne, der Mond und die Planeten im Osten auf und im Westen unter. Allerdings ist dadurch die Bahn von der Betrachtung her umgekehrt: Wenn man auf der Südhalbkugel am Mittag zur Sonne schaut, dann war sie von der rechten Seite her aufgestiegen und geht auf der linken unter. Bei uns ist die Bewegung immer von links nach rechts.

Insgesamt wird die Erde von ihrer Rotationsbewegung her bestimmt – unter Berücksichtigung der Schrägstellung ihrer Erdachse zur Ekliptik. Diese Schrägstellung bewirkt, dass sich in Bezug auf die ekliptikale Ebene unterschiedliche Rotations-Bewegungsmuster ergeben. Die Sonne, der Mond und die Planeten bewegen sich auf der Ekliptikebene oder werden auf sie in der Astrologie projiziert, wenn sie kleinere Abweichungen bzw. Breite zeigen. Sie »schauen« auf die Erde von dieser Ebene aus. Dabei zeigt die Erde vor ihnen in ihrer Rotationsbewegung ein ganz bestimmtes Bewegungsmuster und dies zeigt je nach Tierkreiszeichen bestimmte Eigentümlichkeiten, worauf ich noch eingehen werde.

Man muss sich klarmachen, dass jeder Planetenstellung enorme Bewegungsgeschwindigkeiten zu Grunde liegen. Um sich davon eine Vorstellung zu machen, seien die folgenden Zahlen genannt: Mit einer Geschwindigkeit von 1674,432 km/h rotiert die Erde am Äquator. In Bezug zur Sonne bewegt sich die Erde innerhalb eines Jahres mit 107 280 km/h einmal um sie herum. Eine Planetenstellung in der Ekliptik beinhaltet ein ungeheuer großes dynamisches Potenzial. Jeder »Stellung« unterliegen in Wirklichkeit Bewegungsrhythmen bestimmter Art.

Wollen wir die Bewegung der Erde charakterisieren, wie sie sich für eine bestimmte Tierkreisstellung ergibt, dann müssen wir den jeweiligen Planetenstandort auf der Ekliptik als unseren Standpunkt einnehmen, um beobachten zu können, wie die Bewegung der Erde dort aussieht. Das Bewegungsmuster kann man dabei im Hinblick auf die Erdachse sowie auf die Rotationsebene des Äquators beschreiben. Erstmals habe ich solche Überlegungen 1989 (»Gestaltastrologie«, S. 40ff.) veröffentlicht, wobei mir inzwischen auch die lemniskatische Natur der Bewegungen deutlich geworden ist.

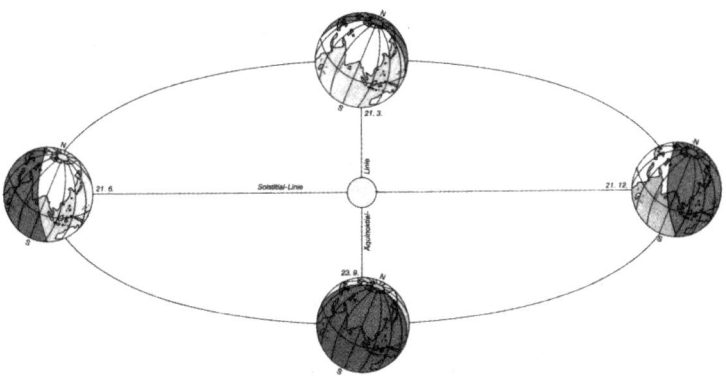

Abb. 8: Darstellung der jährlichen Verhältnisse zwischen Erde und Sonne. Bei Frühlings- und Herbstanfang beleuchtet die Sonne genau die Erdhälfte zwischen den beiden Polen. Bei Sommeranfang liegt der Nordpol »in der Sonne«, weswegen bei den Menschen im Norden die Sonne im Sommer nicht untergeht, dort scheint dann sogar zur Mitternachtsstunde die Sonne. Im Winter geht sie im hohen Norden nicht mehr auf, dann ist es den ganzen Tag über dunkel.

Interessant ist, dass die Bewegungsrichtung der rotierenden Erdorte und der Pole gegenläufig oder entgegengesetzt ist. Betrachten wir zunächst einmal das Bewegungsmuster der Anfänge der kardinalen Zeichen, dann ergeben sich vom Standpunkt der jeweiligen Ekliptikgrade in 0° Widder, Krebs, Waage und Steinbock, wobei der Nordpol oben liegen soll, die folgenden Bewegungsmuster:

In 0° Widder pendeln die Erdorte in einer Schräglage hin und her, auf der dem Standort zugewandten Erdseite nach rechts. Der Nordpol, von hinten kommend, hat jetzt seine maximale Neigung nach rechts und ändert seine Bewegungsrichtung nach vorne links, auf einen zukommend. Insofern stellt dies einen wirklichen Umschwung dar. Auch in Bezug auf die Rotation wird sich ab diesem Punkt die Rotationsbahn nach unten öffnen.

In 0° Krebs ist die Rotationsebene maximal geöffnet. Die Erdorte beschreiben ein großes Oval, wenn man ihre dem Standort zugewandte und abgewandte Bewegung zusammenfasst. Die Erdachse (Nordpol) ist maximal nach vorne zu unserem Standort auf der Ekliptik geneigt und wendet sich wieder nach hinten. Auch hier ist wieder deutlich ein Umschwung zu bemerken.

Nähern wir uns der Position in 0° Waage, dann erreicht die Erdachse allmählich ihre maximale Stellung nach links und verschwindet nach hinten auf die dem Standpunkt abgewandte Seite der Erde. Von dort ändert sie die Richtung und bewegt sich nach rechts. Das Oval der Rotation ist wieder verschwunden. Die Erdorte laufen auf der dem Standort zugewandten Seite nach oben, auf der Rückseite der Erde nach unten.

Steht der Nordpol der Erde nach hinten abgeneigt und der Südpol dem Standort zugeneigt, dann beginnt der Steinbock. Ab jetzt wendet sich der nördliche Pol wieder nach vorne. Die Rotationsebene hat sich maximal geöffnet und wird sich ab jetzt wieder schließen.

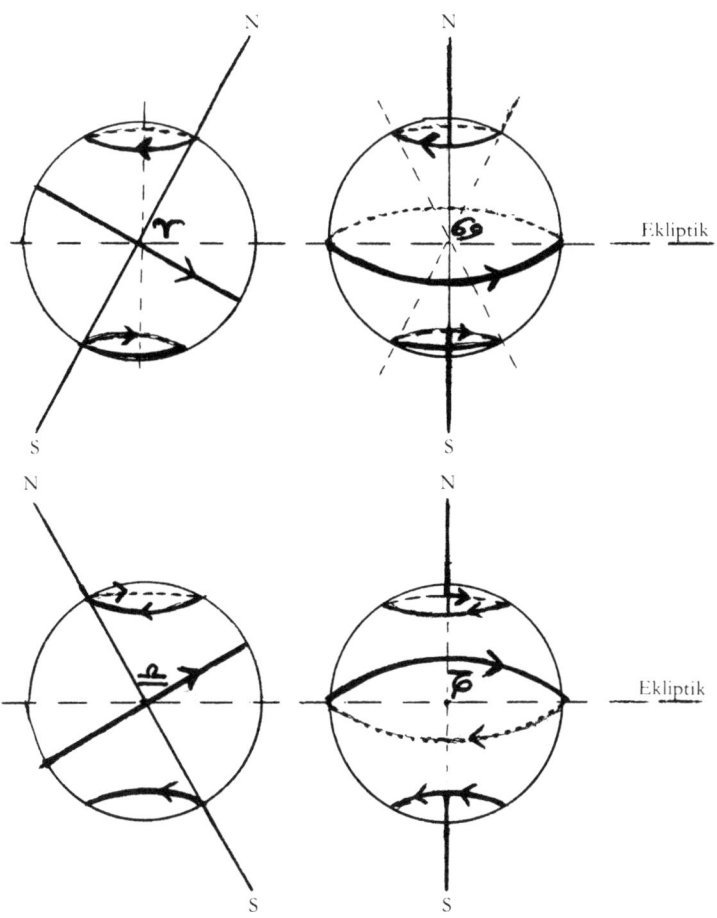

Abb. 9: In den vier Wendepunkten verändern sich die Bewegungsverhältnisse der Rotationsebene und der Pole der Erde. Bezogen auf die Eklip-
tik-Ebene beschreibt die Erdachse einen Kreis in entgegengesetzter Richtung zur Rotationsbewegung, wenn man die Bewegungen von den verschiedenen Standorten der Ekliptik aus anschaut.

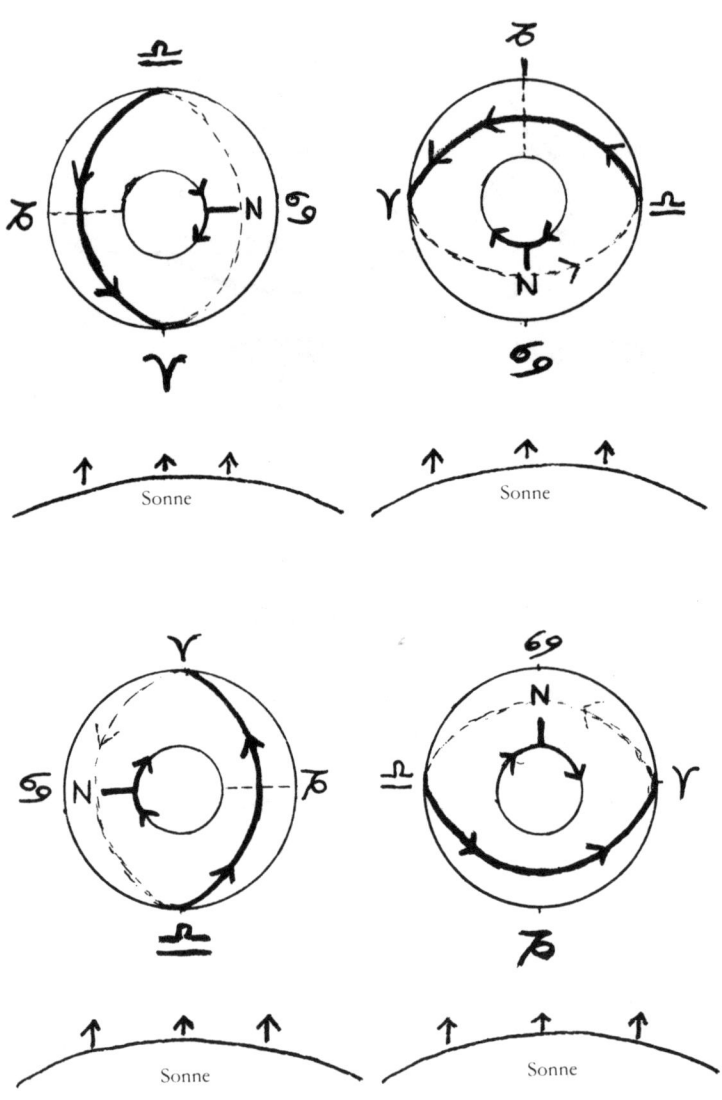

Abb. 10: Von »oben« auf die Erde geschaut, also bei einem Blick auf den Ekliptiknordpol, beschreibt der Nordpol der Erdachse im Laufe eines Jahres einen Kreis.

148

Fasst man die Bewegung der Rotation ins Auge, während wir die Ekliptik »wie eine Sonne« durchschreiten, dann ergibt sich ein gewisses lemniskatisches oder 8-förmiges Bewegungsmuster: Im Krebs durchlaufen die Erdorte den unteren Bogen einer Art Acht (8), in der Waage schließt sich der Bogen zu einer Ebene, um sich dann in Richtung Steinbock nach oben zu öffnen. Die Erdorte durchlaufen dann den oberen Bogen einer Acht (Lemniskate). Ein Charakteristikum der Lemniskate ist, dass oberer und unterer Bogen von der Bewegungsführung her gleichgerichtet sind, hier beide Male nach rechts gerichtet. Beim Kreis werden der obere und untere Bogen dagegen in entgegengesetzter Richtung durchlaufen, von oben betrachtet im unteren Bogenabschnitt nach links oder umgekehrt und im oberen Abschnitt nach rechts oder umgekehrt.

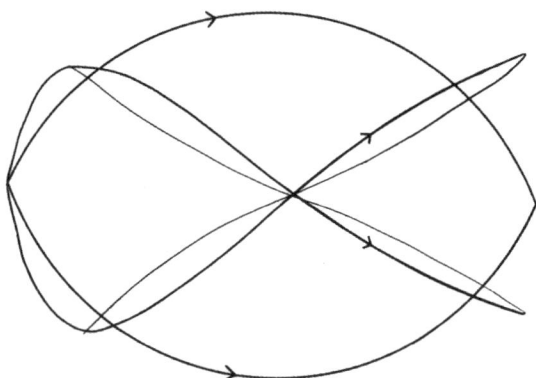

Abb. 11: Charakteristisch für eine lemniskatische Bewegung ist, dass oberer und unterer Bogen von der Bewegungsführung her jeweils in die gleiche Richtung durchlaufen werden. Der nach unten gerichtete »Krebsbogen« zeigt ebenso nach rechts wie der nach oben gerichtete »Steinbockbogen«. Dazwischen schließen Widder und Waage die Bögen jeweils ab. Fasst man unteren (Krebs und Waage) und oberen Bogen (Steinbock und Widder) zusammen, dann zeigt sich die obige Form.

Die kardinale Qualität der Tierkreiszeichen lässt sich recht gut über das Prinzip der Bewegungsänderung charakterisieren. In der Astrologie wird der Ausdruck dieser vier Tierkreiszeichen passend dazu als »(an)führend« oder »bewegend« beschrieben, als initiativ oder impulsierend.

In zwölf Zeichen wird der Tierkreis eingeteilt, wobei auf die kardinalen Zeichen die »fixen« bzw. »festen« folgen. In den festen Zeichen werden gewissermaßen die jeweiligen Bewegungsmuster der kardinalen Zeichen »befestigt«. Die Zeichen Stier, Löwe, Skorpion und Wassermann gelten auch astrologisch als »auf einer Sichtweise verharrend« oder »stur«. Horoskopfaktoren, die in diesen Zeichen stehen, erhalten einen Ausdruck der »Nachhaltigkeit«.

Zwischen den fixen und kardinalen Zeichen liegen die sogenannten »variablen« Zeichen, auch »doppelkörperliche« genannt. »Doppelkörperlich« heißen sie deshalb, weil sie etwas von ihren vorangehenden festen und den folgenden kardinalen Zeichen beinhalten. Ihr Bewegungsmuster ist nicht mehr klar, es tendiert zum Umschwung. Mit Flexibilität werden die Zeichen Zwillinge, Jungfrau, Schütze und Fische in Beziehung gesetzt, wobei diese Beweglichkeit jeweils mit unterschiedlichen Bereichen des menschlichen Seins in Verbindung gebracht wird. Bei den Zwillingen bezieht sich das Flexible vor allem auf das Interesse, bei der Jungfrau auf die analytische Vorgehensweise im Denken, wobei die Jungfrau als sogenannte Erdzeichen das am wenigsten flexible Zeichen ist. Beim Schützen bezieht sich das Bewegliche auf den Unternehmungsgeist (Wollen), bei den Fischen auf die Gefühle. Interessant ist, dass Zwillinge und Fische durch Begriffe, die im Plural stehen, benannt werden.

Durch subtilere Betrachtungen der Bewegungsmuster lassen sich auch für die festen und variablen Zeichen ganz spezifische Charakteristika erkennen. Nach den kardinalen Aufbruchszonen folgt in den fixen Zeichen eine gewisse Beruhigungszone, dann wird die Bewegung diffus.

Abb. 12: Kardinale, fixe und variable Zeichen bilden im Tierkreis jeweils die Eckpunkte eines Quadrats: Sie liegen »quadratisch« zueinander.

Die verschiedenen Bewegungsmuster der Tierkreiszeichen in Bezug auf die rotierenden Erdorte

Der jeweilige Standort der Betrachtung liegt auf der Ekliptik über dem jeweiligen Tierkreisgrad, wobei der Nordpol oben, Osten rechts und Westen links liegen.

Widder: Es ist eine fallende, pendelnde Bewegung der Erdorte zu erkennen; im gesamten Widder hält diese Tendenz an; denn die sich langsam auf der rechten Seite der Erde zeigende Aufwärtsbewegung der Rotation wird von dem Ekliptik-Standort über dem Widder noch nicht sichtbar.

Stier: Die weich fallende Bewegung zeigt am Ende auf der rechten Seite eine leicht steigende Sequenz der rotierenden Erdorte, die allerdings auf der rechten Seite der Erde stattfindet. Vom Blickpunkt in 0° Stier wird diese Aufwärtsbewegung langsam sichtbar und rutscht ab da immer mehr nach vorne. 0° Stier markiert gewissermaßen den Ort, an dem die leicht steigende Passage von vorne erkennbar wird. Dass sich dies so verhält, kann man leicht mit Hilfe eines Globus beobachten, bei dem man das rechte Viertel der Kugel dritteln muss; wenn man in Höhe von 23° vom Äquator weg auf dem südlichen Wendekreis einen Punkt markiert, wird man diesen von vorne kaum sehen können.

Zwillinge: Über 0° Zwillinge ist die aufsteigende Tendenz am Ende des Ovals deutlich zu erkennen. Die Erde ›tänzelt‹ geradezu in einem Bogen nach unten und schwingt am Ende nach oben. Sie wird aus der Anfangsbewegung regelrecht herausgerissen. Diese Bewegung stabilisiert sich erst in 0° Krebs.

Krebs: Das große Oval kippt ab 0° zur anderen Seite. Die Bewegung ist zunächst ganz symmetrisch, die eine Hälfte der Strecke ist fallend, die andere steigend. Doch innerhalb des Krebs kippt die Symmetrie nach links; allerdings bleibt die teils fallende, teils steigende Tendenz.

Löwe: Nach einer kurzen Strecke des Fallens schwingt die Bewegung kontinuierlich nach oben. Die Bewegung mündet in eine Gleichförmigkeit ein.

Jungfrau: Der Beginn der Jungfrau markiert den Punkt, an dem das anfängliche Nach-unten-Schwingen des Ovals nicht mehr »gesehen« werden kann, da es sich ganz auf der linken Seite der Erde abspielt. Es verhält sich hier ähnlich wie im Stier, allerdings bleibt die Bewegung innerhalb der Jungfrau gleichförmig ansteigend; diese Tendenz verstärkt sich weiter bis zu seinem Maximum in 0° Waage.

Waage: Die Waage zeigt ebenfalls eine ansteigende gleichförmige Bewegung mit einer fallenden Tendenz auf der rechten Seite der Erde im Osten, die man jedoch von dem betreffenden Ekliptikort nicht wahrnehmen kann. Ihre Bewegungsform ist gleichmäßig steigend.

Skorpion: Ab 0° Skorpion wird die fallende Tendenz zum Ende der Bewegung erkennbar. Sie knickt am Ende nach unten ab. Ähnlich ist dies im Stier; schaut man sich die Skorpion-Bewegung umgekehrt an, indem der Südpol oben liegt, dann sieht die Bewegungsform zunächst aus wie im Stier, allerdings ist dann die Richtung von rechts nach links. Auf der Nordhalbkugel verlaufen alle Bewegungen von links nach rechts. Dass eine Bewegung von rechts oder von links psychologisch von unterschiedlicher Bedeutung ist, wissen wir aus der Theaterkunst. Insofern ist die Stier-Bewegung eine andere als die Skorpion-Bewegung, selbst wenn man sie umgekehrt anschaut. Dies gilt für alle Tierkreiszeichen-Bewegungsmuster, sie sind alle verschieden.

Schütze: Hier schwingen die Erdorte in einem Bogen nach oben, um kurz nach der Biegung nach hinten abzusteigen. Dieser Bogen wird gegen den Steinbock zu immer gleichmäßiger, symmetrischer.

Steinbock: Im Steinbock hat der aufsteigende Bogen sein maximales Oval erreicht. Jetzt schwenkt er um; der fallende Arm wird länger.

Wassermann: Die Bewegung hier ist recht asymmetrisch; die Linie steigt kurz an und biegt dann nach unten ab.

Fische: Hier erreicht die Linie wieder eine einheitliche Richtung. Die aufsteigende Passage auf der linken Seite der Erde ist nicht zu erkennen. Kontinuierlich fällt die Bewegung nach vorausgehendem Ansteigen ab. Die Schräge ist zunächst recht sanft, wird aber zum Widder zu stärker, bei dem es dann wieder einen deutlichen Umschwung gibt.

Es ist auffallend, dass einige Zeichen große Ähnlichkeiten aufweisen, die sich wie folgt zusammenfassen lassen:

Gleichförmig nach unten oder oben ist die Bewegung im Widder und in der Waage. Eine schmale Öffnung mit einer beginnenden Bewegungsrichtungs-Änderung am Ende der Linie zeigt sich im Stier und Skorpion. Der Beginn dieser beiden Tierkreiszeichen zeigt sich durch einen gewissen Bewegungsumschwung. Das Bewegungsmuster zu den Zwillingen oder dem Schützen zeigt keine gleich deutliche Grenze. Zum Krebs und Steinbock zu sind die Bewegungsumschwünge wieder deutlich. Die Grenzziehung zu Löwe und Wassermann sind nicht so eindeutig auszumachen, die Bewegungsverhältnisse sind ähnlich den vorangehenden Zeichen. Klarer sind wieder die Grenzen zur Jungfrau und zu den Fischen; bei ihren Zeichenanfängen sind die Bewegungslinien wieder gleichgerichtet.

Relativ »zackig« ist die Bewegung in Widder und Waage. Schmale Öffnungen haben Stier, Jungfrau, Skorpion und Fische. Weitere Öffnungen, die sich innerhalb von geschwungenen Bewegungsbögen bilden, zeigen Zwillinge, Löwe, Schütze und Wassermann. Damit haben tatsächlich die Zeichen der passiven Elemente (Wasser, Erde) und die Zeichen der aktiven Elemente (Feuer und Luft) eine gewisse Ähnlichkeit. Bei den Wendezeichen bedeutet die zackige schmale Bewegung eine Analogie zu Feuer und Luft (Widder und Waage) und das symmetrische Oval eine Analogie zu Wasser und Erde.

Die Zeichen sind in der Astrologie den vier Elementen zugeordnet, wobei je drei Zeichen zu einem Element gehören. Sie liegen jeweils trigonal zueinander.

Aus der Analyse der Bewegungsmuster lassen sich gewisse astrologische Zuordnungen nachvollziehen oder sogar begründen. An dieser Stelle gehe ich nicht näher darauf ein, denn dies würde genügend Kenntnisse über die astrologischen Bedeutungen der Tierkreiszeichen voraussetzen (vgl. Voltmer, »Gestaltastrologie«).

Abb. 13: Die Tierkreiszeichen desselben Elements liegen in einem Drei-
eck zueinander. Die Feuer- und Luftzeichen werden »positiv«, »plus«
oder »aktiv« genannt, die Erd- und Wasserzeichen »negativ«, »minus«
oder »passiv«. Auf ein Plus-Zeichen folgt im Tierkreis ein Minus-Zeichen
und umgekehrt. Gegenüberliegende Zeichen weisen die gleiche Polarität
auf.

Eine weitere Bewegungsanalyse – diesmal der Erdachse und ihrer Pole – führt uns zu weiteren Spezifika, die wieder andere
astrologische Analogien nahe zu legen scheinen. Die Erdachse
legt beim jährlichen Umlauf um die Sonne beim Blick von den
jeweiligen Ekliptikstellen einen Kreis zurück, wie bereits erwähnt (vgl. Abb.10). Auf diesen Kreis schauen wir von der Seite
aus, von unseren jeweiligen Standorten auf der Ekliptik. Diese
Kreisbahn der Pole zeigt ganz spezifische Merkmale, wenn man
das Verhalten und die Bewegungsrichtung des Nordpols jeweils
auf den betreffenden Ekliptik-Standort bezieht.

Bewegungsrichtungen des Nordpols in Bezug
auf die jeweiligen Tierkreis-Standorte

Widder: Wir müssen – vor dem Erdmittelpunkt stehend – zur Erdachse etwas nach oben schauen. Die Erdachse wandert dort ab dem Widder von rechts zu uns heran, nachdem sie von hinten heraufgekommen war. Sie wechselt die Richtung von nach außen rechts gerichtet und beginnt wieder nach links »zu mir« – in der Mitte stehend – zuzulaufen. Die Bewegung ist somit auf das »beobachtende Ich« gerichtet.

Stier: Ab hier kommt die Erdachse deutlich von der Seite nach vorne gelaufen; die Bewegungsrichtung hat sich gefestigt und ist noch auf das »Ich« gerichtet, was sich in den Zwillingen verflacht.

Zwillinge: Hier geht die Bewegungsrichtung schon deutlich vor mir vorbei. Der Pol begibt sich langsam in eine vor mir vorbeilaufende Linie – zwar noch von rechts auf den Mittelpunkt zulaufend, aber gleichzeitig nach links außen gerichtet.

Krebs: In 0° Krebs ist die Bewegung völlig von mir abgeschlossen und richtet sich nach hinten von mir weg. Sie weicht sehr sanft nach hinten.

Löwe: Hier zeigt sich die Bewegungsrichtung immer deutlicher als von mir wegweisend. Ich stehe im Grunde im Rücken der Verlängerung dieser Stoßrichtung, als wolle das »Ich« ausstrahlen.

Jungfrau: Ab hier ist nur noch eine nach hinten gerichtete Bewegung von mir zu anderen Räumen hin auszumachen – ganz entsprechend der »zum Anderen« hin gerichteten Jungfrau-Qualität.

Waage: In 0° Waage gibt es einen Umschwung; die Bewegung der Erdachse ist nach hinten zu anderen Räumen hin gerichtet.

Skorpion: Jetzt tendiert die Bewegung wieder deutlicher nach rechts, jedoch in andere Räume von mir weg. Die Achse dieser Stoßrichtung liegt im Grunde weit links von mir, kommt von ganz woanders her. Dies mag das Überpersönliche und wenig Lebenszuträgliche dieses Zeichens sinnvoll symbolisieren.

Schütze: Die Schütze-Bewegungsrichtung läuft immer stärker an mir gerade vorbei, je weiter ich in den Schützen schreite; sie zeigt sehr viel »fernen« Charakter, sei es in der Bewegungszielrichtung oder der Richtung, aus der die Stoßrichtung kommt. Das entspricht sinnvoll dem expansiven Charakter dieses Zeichens.

Steinbock: Hier hat die Achse ihren tiefsten und entferntesten Stand, grenzt die maximale Entfernung von mir ab, indem die Bewegung an mir vorbeiläuft. Die Achse kommt langsam wieder näher.

Wassermann: Die Verlängerung der Stoßrichtung dieser Bewegungsrichtung nach hinten weist in ferne Räume von hinten kommend. Verlängert man diese Bewegungsrichtung nach vorne, so weist sie weit an mir vorbei nach rechts oben.

Fische: Auch diese Bewegungsrichtung ist an mir vorbeigerichtet, weist von weit hinten kommend nach der Seite an mir vorbei. Erst im Widder geschieht wieder der Umschwung; dort bewegt sich die Achse erstmals wieder auf mich zu.

Diese Bewegungsrichtungen kennzeichnen deutlich den Bedeutungsinhalt der Zeichen, wie sie auch den Häusern analog sind. Die Bewegung ist auf »mich« als das beobachtende Ich gerichtet von Widder bis Zwillinge, wobei die Zwillinge schon an mir vorbei zeigen – entsprechend ihrer Kommunikationsfreude. Ab dem Krebs richtet sich die Bewegung in Verlängerung von mir zu anderen Räumen von mir weg. In der Waage findet eine neue Richtungsänderung statt. Die Bewegung kommt von vorne links und zielt nach hinten in einen Raum, der vor mir liegt, ist insofern auf das Andere gerichtet, das doch in einer gewissen Blickrichtung von mir zum Mittelpunkt hin liegt. Der Steinbock grenzt die Blickrichtung ab; die Bewegungsrichtung ist von der Ferne ausgehend vor mir parallel. Ganz losgelöst von mir erscheint die Stoßrichtung des Erdachsenpols im Wassermann und in den Fischen. Die Bewegung ist von hinten kommend an mir vorbei nach oben gerichtet. Das entspricht einer gewissen Schwerelosigkeit und Erdferne der Zeichen Wassermann und Fische.

Die Bewegungsanalysen zeigen sinnvolle zu den astrologischen Bedeutungen passende Bewegungsmuster. Die meisten Bedeutungen und Grenzziehungen zwischen den Zeichen sind dabei gut nachzuvollziehen. Doch es bleiben bei einigen Zeichenübergängen Fragen bezüglich der verschiedenen Charakteristika nebeneinanderliegender Zeichen offen. Man muss hierbei bedenken, dass diese Bewegungsanalysen lediglich Analogien zu den Zeichenbedeutungen darstellen. Solange man nicht erklären kann, wie es sein kann, dass dadurch unterschiedliche Qualitäten zustande kommen, stellen sie nichts anderes dar als phänomenologische Schilderungen. Doch vielleicht liegt ja gerade in der Phänomenologie selbst der Schlüssel verborgen, verweist diese doch auf das sinnlich-seelisch-geistige Erleben des Menschen. Das phänomenologische Erleben des Menschen basiert letztendlich auf dessen Fähigkeit zur Imagination, einer Fähigkeit, die in höheren geistigen Bereichen anzusiedeln ist. So mag die Bedeutung der Tierkreiszeichen in uns selbst begründet liegen, da in ihnen wie in uns dieselbe Geistigkeit Gestalt annimmt.

Wollte man sich den Inkarnationsweg der Seele etwa so vorstellen, dass diese von den verschiedenen Räumen der Ekliptik aus auf die Erde zustrebt und sich langsam zur Verkörperung zusammenzieht, dann müssen sich wohl Anteile der Seele von den Planetensphären aus in ganz bestimmter Weise in die Erdverhältnisse einschwingen. Die Seele würde so - über die Ekliptik vermittelt – in eine Bewegung hineingezogen, um sich dann an einem Ort der Erdoberfläche zu zentrieren. Die Planetensphären würden – so gesehen – durch den jeweiligen Planetenkörper selbst gewissermaßen Seelenanteile beeinflussen; im Geburtsmoment könnten dann die der Seele eingepflanzten Rhythmen wirksam werden.

Dass der Ekliptik eine herausragende Rolle zukommt, habe ich bereits deutlich gemacht. Selbst wenn wir die Tierkreiszeichen nicht einzeln deuten wollten, so ist allein die Tatsache, dass wir die Ekliptik als Messkreis für alle Aspekte benutzen, ein Indiz für die herausragende Bedeutung der Tierkreisebene. Die Ekliptik ist nichts anderes als die Ebene der Sonne; die tropischen Tierkreiszeichen sind somit Modifikationen der Sonnensphäre oder -ebene.

Durch die Rotationsbewegung der Erde zeigt sich in der Ekliptik ein lemniskatisches Muster, das von einem jeden Tierkreisort her anders erlebt wird. Die Erdachse vollführt dabei einen Kreis, in welchem sich ganz unterschiedliche Bewegungsmuster formieren – je nach Beobachtungs-Position. Doch es kommt durch die Eigenbewegung aller astrologischer Faktoren noch ein dritter Faktor hinzu. Dass etwa ein Planet konstant über einem bestimmten Punkt der Ekliptik bleiben würde und damit die Erde über eine gewisse Zeitspanne aus derselben Position im Tierkreis »anblicken« würde, kommt kaum vor. Dies könnte nur dann der Fall sein, wenn ein Planet von der Erde aus gesehen »rückläufig« ist und dadurch die Erdrevolution ausgleicht, bzw. wenn letztere die Eigenbewegung des Planeten wettmacht. Bei Sonne und Mond ist das nie der Fall, bei einem Planeten nur dann, wenn die beiden gegenläufigen Geschwindigkeiten – einerseits der Erde und andererseits des Planeten – genau gleich sind, doch dann ist dieser »bewegungslose« Moment nur von kürzester Dauer und existiert nur scheinbar in Bezug auf eine Tierkreisposition. Im Kosmos gibt es keinen Stillstand.

Die Blickrichtungen zur Erde sind also ständig in einer Veränderung begriffen, bei der Direktläufigkeit werden die Tierkreisgrade in ihrer Folge, also gegen den Uhrzeigersinn durchlaufen, bei der Rückläufigkeit entgegengesetzt. Dabei zeigen sich im Überlauf über die beiden Äquinoxpunkte in 0° Widder und 0° Waage wiederum ein kleiner engerer lemniskatischer Umschwung. Von den Fischen herkommend ändert deren flacher nach oben geöffnete Rotationsbogen in 0° Widder seine Biegung nach unten; in der Waage ist es umgekehrt. Dadurch kommt durch die Übergänge (Transitieren) über 0° Widder oder Waage eine Art schmale liegende Acht zustande (Abb. 14):

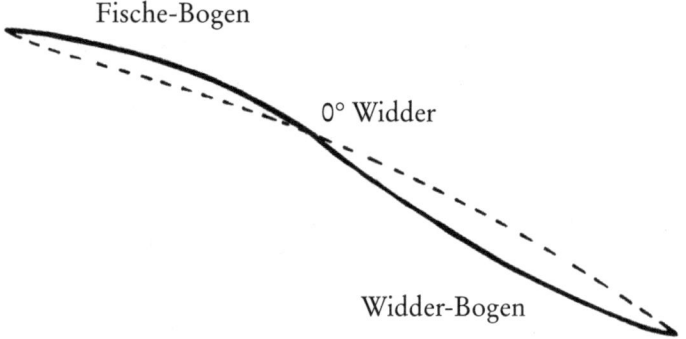

Fische-Bogen

0° Widder

Widder-Bogen

Abb. 14: Beim Transitieren eines astrologischen Faktors über den Äquinoxpunkt 0° Widder ergibt sich ein gewisser lemniskatischer Umschwung. Von den Fischen herkommend ändert sich die Biegung des nach oben geöffneten Rotationsbogen in einen Bogen nach unten; in der Waage ist es umgekehrt. Dadurch kommt als Bewegungsmuster eine Art liegende Acht zustande.

Sämtliche Bewegungsmuster, auf die hier eingegangen worden ist, sind von der Bezugsebene der Ekliptik aus beschrieben worden. Es ging darum zu zeigen, dass dem tropischen Tierkreis in der Ekliptik Bewegungsmuster zugrunde liegen, die weder allein über die Jahreszeiten noch über reale Sternbilder erklärt werden können. Dass dem tropischen Tierkreis eine eigenständige Realität zukommt, geht aus dieser Darlegung hervor.

Wir Menschen auf der Erde *erleben* die Veränderungen der Tierkreispositionen der astrologisch relevanten Faktoren als mit der Erd-Bewegung verbundene Wesen. Dabei sehen wir sie auch in Form von Schwingungen. Die Sonne, der Mond und die Planeten schwingen sich vom Äquator (Widder) zum nördlichen Wendekreis (Krebs) auf und schwingen wieder hinunter zum Äquator (Waage) und zum südlichen Wendekreis (Steinbock). Sie schwingen auf und ab in längeren oder kürzeren Rhythmen. So sind in den Tierkreiszeichen alle wichtigen kosmischen Bewegungsformen verborgen: Kreis, Schwingung und Lemniskate.

Der tropische Tierkreis – eine Errungenschaft des griechischen Geistes

(Dieser Text enthält Auszüge aus einer Forschungsarbeit des Dipl.-Psychologen Rafael Gil Brand, Leiter des astrologischen Ausbildungszentrums Hamburg des Deutschen Astrologen-Verbandes; seine gesamte Arbeit wird in einer gesonderten Publikation zum Thema »Geheimnis Tierkreis« erscheinen.)

Hipparchos von Nicäa (ca.180-125 v. Chr.) gilt als Entdecker der Präzession des Frühlingspunktes. Diese Entdeckung wird uns übrigens von Ptolemäus im Almagest VII 2 ausführlich beschrieben. Vieles weist allerdings darauf hin, dass die Babylonier die Verlagerung des Frühlingspunktes schon längst vor Hipparchos kannten (Waerden; 186). Wir wissen auch, dass Hipparch sich dem chaldäischen Brauch anschloss, das Kalenderjahr mit dem Frühling beginnen zu lassen, während die älteren Griechen (z.B. Aratos) noch die Sommersonnenwende als Jahresanfang benutzten.

Für die Geschichte der Astrologie ist entscheidend, welche Konsequenzen Hipparch aus seinen Erkenntnissen zog. So legte er den tropischen Tierkreis fest, wonach 0° Widder definitionsgemäß der Frühlingspunkt ist. Alle zwölf Tierkreiszeichen stellen gleich große Abschnitte der Sonnenbahn dar, die von diesem Punkt aus gezählt werden.

Eines der wichtigsten Zeugnisse über die Einführung des tropischen Tierkreises durch die Griechen ist bei Geminus zu finden. Er hat um 70 v. Chr. sein astronomisches Werk »Einführung in die Phänomene« geschrieben. Geminus hat aller Wahrscheinlichkeit nach auf der in der damaligen Zeit durch ihren Wohlstand und ihr sehr reges intellektuelles Leben herausragenden Insel Rhodos gelebt. Hier hatte Hipparch seine astronomischen Beobachtungen betrieben und der große Philosoph und Astrologe Posidonius seine berühmte Schule gegründet. Geminus ist nachweislich ein Schüler des Posidonius und ein Nachfolger des Hipparchos gewesen. Über die Tierkreiszeichen schreibt er (Geminus I,3-5 deutsch: Gil Brand): »... Der Begriff ›Zeichen‹ wird in doppeltem Sinne verwendet: auf der einen Seite der zwölfte Teil des Tierkreises ... auf der anderen Seite eine Figur, die durch Fixsterne gebildet wird ... Die Tierkreiszwölftel sind in der Tat gleich groß ... Die katasterisierten Zeichen sind weder in ihren Dimensionen gleich, noch werden sie von der gleichen Anzahl an Sternen gebildet, noch füllen sie den Raum entsprechend der Tierkreiszwölftel vollständig aus ...«

Zur Position der Wendepunkte äußert sich Geminus sehr genau (ebd. II, 27 – 35), was u.a. der folgende Wortlaut belegt: »... die Wendepunkte finden in einem Augenblick statt. Das Zeichen Krebs hat eine symmetrische Position zu dem der Zwillinge: das eine und das andere Zeichen haben denselben Abstand zu dem Sommersonnenwendpunkt ...«

Die Einteilung in gleich große Tierkreiszeichen ist wohl ursprünglich aus der kalendarischen Einteilung der Babylonier bzw. Chaldäer hervorgegangen. Doch es waren die Griechen, welche etwa im 2. Jh. v. Chr. den tropischen Tierkreis definiert haben und der offenbar Hipparchos zu verdanken ist. Wahrscheinlich hat auch Posidonius zur Verbreitung dieser Doktrin beigetragen. Auf jeden Fall scheint es im ersten Jh. v. Chr. unter den führenden griechischen Astronomen und Astrologen Konsens gewesen zu sein, dass der Frühlingspunkt gleich 0° Widder ist.

Marcus Manilius lebte Anfang des ersten Jh. n. Chr. und beschreibt in seiner »Astrologie« – einem astronomisch-astrologischen Lehrgedicht – ebenfalls einen tropischen Tierkreis. Unter den vielen Stellen, die das belegen, seien kurz zwei erwähnt: »… Kaum macht der Krebs den Tagen ein Ende, kaum bringt sie der Winter wieder …« Manilius; III 229-230). »… Denn der Widder entführt den Nächten so viele Stunden, wie sie zuvor die Fische für sich herausgeholt hatten …« (ebd.469-470).

Diese Stellen besagen im Grunde dasselbe wie das zuletzt erwähnte Zitat von Geminus, nämlich dass die Tag- und Nachtgleiche und die Sonnenwenden jeweils die Grenzen zwischen den Zeichen Fische-Widder, Zwillinge-Krebs usw. bilden. Das Lehrgedicht ist voll von Zitaten, welche die Bedeutung der Tag-und Nachtgleiche und der Wendepunkte für die Definition des Tierkreises belegen. Im übrigen gilt er als Stoiker; einer der bedeutendsten Vertreter dieser philosophischen Richtung war der oben erwähnte Posidonius. Die stoische Philosophie hat viel zur Verbreitung der Astrologie im römischen Reich beigetragen.

Ein wichtiger Autor der klassischen Astrologie ist Firmicus Maternus. Er lebte im 3. Jh. n. Chr., und war selbst kein Astronom. Seine Kenntnisse in der Hinsicht waren eher bescheiden, umso mehr kann er als unverfälschter Überlieferer astrologischer Tradition gelten. In seinen »Matheseos libri VIII« geht er ausführlich auf die Antiszien ein, und beschreibt damit eindeutig einen tropischen Zodiak. Firmicus führt die Antiszienlehre, der er großen astrologischen Wert beimisst, auf Hipparchos zurück (Maternus engl.: 1995).

Der tropische Zodiak ist zu einer Zeit (im 2. Jh. v.Chr.) entstanden, als der Frühlingspunkt und der babylonische 0° Widder nicht übereinstimmten. So sind uns viele Horoskope aus jener Zeit überliefert, die noch nach einem siderischen Zodiak berechnet worden sind. Es gibt Studien (Neugebauer 1959), die bei diesen Horoskopen eine konstante Durchschnittsabweichung von den tropischen Positionen zugunsten der siderischen belegen. Abgesehen davon, dass die damalige Berechnung und Angabe von Planetenständen nicht so akkurat war, wurden oft Planetenständetabellen benutzt, die nach chaldäischer Manier siderisch berechnet waren. (...) Nach Otto Neugebauer stammen zwei Drittel der gesamten griechischen Horoskope, die überliefert sind, aus der Antologie des Vettius Valens, der etwa im zweiten Jh. n. Chr. lebte. Nun hat Vettius Valens entgegen der erwähnten schriftlichen Darstellungen offenbar den chaldäischen Zodiak benutzt. Aber ist er repräsentativ für die anderen griechischen und römischen praktizierenden Astrologen, von denen wir keine Aufzeichnungen haben?

Man kann davon ausgehen, dass in den Jahrhunderten nach Hipparchos – also etwa zwischen dem 1. Jh. v. Chr. bis zum 5. Jh. n. Chr. – eine Übergangsperiode stattfand, in der, je nach Autor bzw. nach den zur Verfügung stehenden Tabellen, ein tropischer oder ein siderischer chaldäischer Tierkreis benutzt wurden. Das ist nicht weiter erstaunlich. Zum einen galten die Chaldäer mit Recht als die Väter der Astrologie und ihnen wurde eine große Autorität in diesen Dingen zugestanden. Zum anderen waren beide Tierkreise während der Hochzeit der römisch-hellenistischen Astrologie beinahe identisch. (...)

Claudius Ptolemäus kann als wichtigster Vermittler und Verfechter eines tropischen Tierkreises gelten, aber er hat ihn nicht erfunden. Erst mit der Verschmelzung der babylonischen Wissenschaft mit der griechischen Philosophie und Astronomie im Reich Alexanders des Großen entstand die Astrologie, wie wir sie kennen. Die aus babylonischer, ägyptischer und hellenistischer Weisheit zu einem großartigen System zusammengewachsene Kosmologie definierte den tropischen Tierkreis, der seitdem in der westlichen klassischen Astrologie benutzt wird. Diese Astrologie stellt den »Geborenen«, das Individuum, in den

Mittelpunkt ihrer Betrachtungen – viel deutlicher als es die babylonische Astrologie tat. Auch das ist eine Errungenschaft des griechischen Geistes und erhält im Mysterium des Christos, des Mensch gewordenen Gottes, dem die Astrologen aus dem Orient bei seiner Geburt huldigen, eine neue spirituelle Dimension. Ist es Zufall, dass dieses Ereignis mitten in die Zeit fällt, in welcher der tropische Zodiak als der maßgebliche erkannt wird? Ziemlich genau 130 oder 140 Jahre vorher und nachher lehren und schreiben die zwei großen Architekten der tropischen Astrologie: Hipparchos von Nicäa und Claudius Ptolemäus.

Glossarium

Achse: Meridian und Horizont schneiden sich mit der Ekliptik, dem Tierkreis, in den vier Schnittpunkten Medium Coeli (MC), Imum Coeli (IC), Aszendent und Deszendent. Daraus ergeben sich die zwei Achsen eines Horoskops, die gemäß der meisten Häusersysteme, wie etwa der von Placidus oder Regiomontanus, auch die vier Eckfeldspitzen bilden, da sie den Anfang der sogenannten Eckhäuser 1, 4, 7, 10 darstellen. Der Aszendent stellt die Hausspitze 1 dar, der Deszendent ist Hausspitze 7, beim MC beginnt das 10. Haus, beim IC das 4. Haus. Aspekte auf die Achsen stärken den betreffenden Planeten. Die Horizontachse gilt als Beziehungsachse oder Ich/Du-Achse, in der MC/IC-Achse wird der Gegensatz von privat/öffentlich oder innen/außen deutlich.

Anderthalbquadrat: Winkel von 135°, der die Größe eines Quadrats und eines halben Quadrats umfasst (s. → Aspekt).

Aspekt: wichtiger Winkelabstand zwischen zwei Planeten oder einem Planet und einem sensitiven Punkt, einer Achse oder dem Mondknoten. Als spannungsreich gelten Opposition (180°) und Quadrat (90°), die Kleinaspekte Halbquadrat (45°) und Anderthalbquadrat (135°). Trigon (120°) und Sextil (60°) gelten als harmonisch. Das schwächere Quincunx (150°) ist aus einem Quadrat und einem Sextil zusammengesetzt; ihm wird eine gewisse Unvereinbarkeit der Kräfte nachgesagt, die an dem Aspekt beteiligt sind. Die Kleinaspekte Quintil (72°) und Biquintil (144°) beruhen auf der Fünfteilung des Kreises; sie sind nach Kepler wichtiger als das Quincunx, das er nicht berücksichtigt hat, und gelten als sehr subtile Aspekte, die eine sensibilisierende, aber weniger realitätsnahe Wirkung entfalten (vgl. Koch, »Aspektlehre nach Johannes Kepler«, Bietigheim o.J.).

Aszendent: östlicher Schnittpunkt des Horizonts mit der Ekliptik, an dem die Planeten aufgehen (s. a. → Achse). Aus der Stellung des Aszendenten und seinen Aspekten leitet man die Reaktionweise eines Menschen und seine Art der Verarbeitung von Eindrücken ab.

Bewegungsform: jedes Tierkreiszeichen ist einem Element (s. → Element) und einer Bewegungsform zugeordnet; es gibt drei »Bewegungsformen«: kardinal, fix, variabel. Den Begriff »Bewegungsform« habe ich 1989 zur Charakterisierung der genannten drei unterschiedlichen Qualitäten eingeführt (vgl. Voltmer, »Gestaltastrologie – Die 12 Tierkreis-Prinzipien in der Natur«, S.53ff.), die auch als »Dynamik« bezeichnet werden. Die Qualitäten betreffen Bewegungs-Impulse oder -Muster, die einer Substanz oder einer Kraft innewohnen.

Mit »kardinal«, auch »führend« genannt, ist eine zielgerichtete Bewegung gemeint, wobei sich die gesamte Substanz von einem Ort zu einem anderen hinbewegt. Mit »fix« oder »fest« ist der Ruhezustand oder die kreisförmige Bewegung einer Substanz gemeint; etwas »verharrt«. »Variabel«, »flexibel« oder »beweglich« ist das Bewegungsmuster der Zerteilung, wenn sich eine Substanz zu unterschiedlichen Orten hinbewegt.

Die Bewegungsformen zeigen eine gewisse Parallele zu den Bewegungsmustern der Erde in Bezug auf ihr Verhältnis zu den verschiedenen Ekliptik- oder Tierkreis-Abschnitten (s. → kardinal). Jeweils vier Tierkreiszeichen weisen gleiche Bewegungsqualitäten auf; diese vier liegen jeweils quadratisch oder in Kreuzform zueinander.

Biquintil: Aspekt von 144° (doppelter Quintil-Abstand), s.a. → Aspekt.

Deszendent: westlicher Schnittpunkt des Horizonts mit der Ekliptik, an dem die Planeten untergehen (s.a. → Achse). Aus seiner Stellung leitet man Erwartungshaltungen an die Menschen ab, mit denen man zusammentrifft.

Dominanz: Es gibt Regeln, nach denen ein Planet stärker als andere in einem Kosmogramm gestellt ist. Dominante Planeten bestimmen wesentlich Verhaltens- und Reaktionsweisen eines Menschen, Motivationen und Bedürfnisse, sie offenbaren insofern auch die Art biografisch einschneidender Geschehnisse.

Domizil: Planeten sind bestimmten Tierkreiszeichen zugeordnet; man spricht dabei von Herrschaft eines Planeten über ein Tierkreiszeichen; bei Stellung des herrschenden Planeten im eigenen Zeichen wird jeder in seinem Ausdruck bestmöglich unterstützt. Solche Stellungen sind nicht besser, lassen aber das Typische einer Planetenkraft deutlicher in Erscheinung treten. Die über ein Tierkreiszeichen herrschenden Planeten gelten auch als deren Verkörperungen; die »Dispositorenlehre« ist davon abgeleitet, bei der man bei der Stellung eines Tierkreiszeichens, etwa an einer Hausspitze, immer nach dessen Planetenherrn schaut, um spezifischere Aussagen zu treffen.

Eckfeld: Häuser an den Achsen (s.o.)

Eckfeldspitze: s. → Achse

Eckfeldstellung: Stellung von Planeten oder anderen relevanten Horoskopfaktoren wie den Mondknoten in den Häusern 1, 4, 7, 10.

Ekliptik: Kreisebene der Erdbahn um die Sonne bzw. der Sonnenbahn; die Ekliptik ist um ca. 23° gegenüber dem Äquator geneigt. Je nach Sonnenstellung entstehen dadurch ungleich lang dauernde Tage und Nächte im Laufe eines Jahres. Die Sternbilder, die in der Ekliptik liegen, bilden den sog. siderischen Tierkreis oder Sternbilderkreis. Davon zu unterscheiden ist der tropische Tierkreis, der eine Ebene darstellt und in gleich große Abschnitte eingeteilt ist. Diese tragen zwar dieselben Namen wie die Sternbilder, stimmen aber nicht mit ihnen überein (s.a. → Präzession, tropisch, siderisch)

Element: Bezeichnung für die Einteilung des Tierkreises in Feuer-, Erde-, Luft- und Wasserzeichen. Mit Elementen, auch als Lebenselemente bezeichnet, sind bestimmte Ausdrucksarten der Tierkreiszeichen angesprochen. Sie können in Hinblick auf eine Substanz mit den drei Aggregatzuständen fest, flüssig, gasförmig verglichen werden, denen noch als vierter der feurige hinzugefügt ist. Mit »feurig« kann man einen Stoff charakterisieren, der in der Reaktion befindlich ist, der sich beispielsweise in einem Verbrennungsprozess befindet. Auch die Wärme hat ganz allgemein mit »Feuer« zu tun. Anthroposophisch betrachtet werden verschiedene Ätherarten mit den Elementen in Beziehung gebracht; der Lebensäther mit dem Element Erde, der sog. Chemische Äther mit dem Wasser, der Lichtäther mit der Luft und der Wärmeäther mit dem Feuer (vgl. Ernst Hagemann: »Weltenäther – Elementarwesen – Naturreiche«; Schaffhausen 1987).

Mit den vier Temperamenten verbindet man die Elemente schon zu Zeiten des Ptolemäus (vgl. Tetrabiblos) im charakterologischen Sinne: Feuer = cholerisch, Erde = melancholisch, Luft = sanguinisch, Wasser = phlegmatisch. Aus der Planeten-Besetzung der verschiedenen Tierkreiszeichen werden astrologische Rückschlüsse auf das Temperament des Betreffenden gezogen. Über die Elementen-Lehre in der Astrologie und Esoterik gibt es umfangreiche Literatur (vgl. Voltmer, »Gestaltastrologie«).

Elevation: höchste Stellung eines Planeten in Bezug auf das Medium Coeli, sie stärkt einen Planeten, macht ihn dominant (s. → Dominanz).

fix: Bewegungsform oder -qualität eines Tierkreiszeichens. Zum sog. fixen Kreuz gehören die quadratisch zueinander liegenden Zeichen Stier, Löwe, Skorpion, Wassermann, die jeweils unterschiedlichen Elementen (s. → Element) angehören.

Frühlingspunkt: Schnittpunkt von (Himmels-)Äquator und Ekliptik (Sonnenbahn), an dem das Tierkreiszeichen Widder des tropischen Tierkreises beginnt. Es gilt als das erste Zeichen des tropischen Tierkreises, weshalb man diesen Punkt als den Beginn des Tierkreises ansieht (s.a. → Präzession).

Geburtsgebieter: Planetenherr des Aszendenten, d.h. des Tierkreiszeichens, in dem der Aszendent steht (s. → Domizil).

Halbquadrat: Aspekt von 45°, einem halben rechten Winkel oder Quadrat (s. → Aspekt).

Halbsumme: Wenn genau im halben Abstand zwischen zwei Planeten ein anderer steht, dann spricht man davon, dass dieser in deren »Halbsumme« oder »Achse« steht. Halbsummen gelten als Symmetrien, die astrologisch von Bedeutung sind; alle drei Faktoren gehen eine Verbindung ein, wobei der Planet in der Halbsumme die Kräfte der anderen auf sich besonders stark vereinigt.

Haus: auch Feld genannt; von einer Achse ausgehend wird das Horoskop in 12 Abschnitte, die sogenannten Häuser, geteilt (s.a. Quadrant). Sie sind in ihrer Lage von Zeit und Ort einer Geburt abhängig, da sie durch die Rotation der Erde entstehen. Es gibt verschiedene Systeme, nach denen sie berechnet werden (s. → Häusersystem). Die Bedeutung der Häuser betreffen Raumbezirke, Umweltbereiche, Wirkungsebenen oder Interessensphären eines Menschen; es sind Bereiche, die sich aus der Räumlichkeit der Erde sinnvoll ergeben. Die Bedeutungen lassen sich nach Meinung der Autorin aus der Rotationsbewegung der Erde ableiten, was konsequent in dem Buch »Lebendige Astrologie – Raum und Umwelt in den 12 Horoskopfeldern« (Voltmer, 1990) dargestellt ist. In dessen Inhaltsverzeichnis sind die folgenden Schlagworte zu den einzelnen Bedeutungen genannt: Haus 1: Gestalt; Haus 2: Selbsterhaltung; Haus 3: Nahbereich; Haus 4: Gewohnt – bewohnt; Haus 5: Persönliche Unmittelbarkeit; Haus 6: Bedingungen der Erde; Haus 7: Das andere Sein; Haus 8: (Selbst-)Aufgabe; Haus 9: Weite; Haus 10: Soziale Stellung; Haus 11: Wahlverwandtschaft; Haus 12: Verloren – geborgen im All.

Häusersystem: Es gibt verschiedene Systeme, die Einteilung der Rotationsbewegung der Erde – ausgehend von einer oder beiden Horoskopachsen – vorzunehmen (vgl.: »Die Felder in den verschiedenen Häusersystemen« in: Voltmer, »Lebendige Astrologie«, S. 73–104). Das gebräuchlichste und in sich stimmigste erscheint der Autorin dasjenige von Placidus. Er unterteilt ausgehend von den Hauptachsen Meridian und Horizont die vier Quadranten (s. → Quadrant) auf der Rotationsebene der Erde, also den Äquator, in sogenannte Temporalstunden, also in zeitlich gleich lange Abschnitte; er drittelt die Quadranten. Diese Teilung überträgt er auf die Ekliptik, den Tierkreis, mit Hilfe von Parallelkreisen zum Äquator, die ebenfalls zwischen ihren Schnittpunkten mit Meridian und Horizont gedrittelt werden.

Horizont: Der wahre Horizont wird durch den Erdmittelpunkt geführt, er stellt die Halbierunglinie der Erdkugel in eine untere und obere Hälfte dar (s. → Achse).

Imum Coeli (IC): Tiefste Stelle der unteren Horoskophälfte, definiert als Schnittpunkt von Meridian und Ekliptik (s.a. → Achse, Haus).

kardinal: ist von lat. *cardo* = Türangel abgeleitet (s.a. → Bewegungsform). Die Wendezeichen Widder, Krebs, Waage, Steinbock des tropischen Tierkreises werden als »kardinal« bezeichnet. Denn hier wenden sich die Planeten, Sonne oder Mond, wenn sie dort stehen, wirklich einer neuen Bewegung zu. Das Tierkreiszeichen Widder beginnt dort, wo die Ekliptik den Äquator schneidet und sich somit über die nördliche Hemisphäre erstreckt; der Krebs nimmt seinen Anfang, wo die Ekliptik ihre höchste Stelle über der nördlichen Halbkugel erreicht hat und sich wieder nach Süden wendet, die Waage ist dort, wo sich die Ekliptik in ihrem Schnittpunkt mit dem Äquator wieder nach Süden zur Südhemisphäre neigt; der Beginn des Steinbocks liegt bei der tiefsten Stelle der Ekliptik über der Südhalbkugel, dort wendet sie sich wieder nach nördlicher Richtung. Wenn die Sonne diese Wendepunkte passiert, dann beginnt jeweils eine neue Jahreszeit.

Kardinale Tierkreiszeichen gelten als Zeichen, die an einen Planeten zielgerichtete und gebündelte Ausdrucksarten vermitteln. Jedes der genannten Tierkreiszeichen gehört einem anderen Element an. Widder ist ein Feuer-, Krebs ein Wasser-, Waage ein Luft- und Steinbock ein Erdzeichen. Daraus lassen sich spezifische Deutungen ableiten.

Kleinaspekte: s. → Aspekte

Medium Coeli (MC): lat.: = Mitte des Himmels, Schnittpunkt zwischen Meridian und Ekliptik (s.a. → Haus, Achse).

Meridian: Längengrad eines Ortes. Die Ekliptik-Schnittpunkte des Meridians eines Aufenthaltsortes, auf den ein Horoskop berechnet wird, werden Medium Coeli und Imum Coeli genannt (s.a. → Achse).

Mondknoten: Schnittpunkt der Mondbahn, die etwas zur Ekliptik geneigt ist, mit der Sonnenbahn (Ekliptik); es gibt einen nördlichen, aufsteigenden Mondknoten, der auch Drachenkopf genannt wird, und einen südlichen, absteigenden Mondknoten, der Drachenschwanz heißt. Im Drachenkopf steigt die Mondbahn – von der nördlichen Hemisphäre aus betrachtet – über die Ekliptik, im Drachenschwanz unter die Ekliptik. Wenn ein Vollmond oder Neumond in der Nähe der Mondknoten stattfindet, dann ereignen sich Eklipsen oder Finsternisse. Die Mondknotenachse bewegt sich in ca. $18^{1}/_{2}$ Jahren einmal rückwärts durch den

Tierkreis. Die Mondknoten stellen eine »sensible Achse« im Horoskop dar, sie haben mit menschlich nahen Begegnungen und Verbindungen zu tun, insofern wird die Mondknotenachse auch häufig als eine karmische Achse bezeichnet.

Präzession: Rückwärtsbewegung des Frühlingspunktes bzw. der Wendepunkte (s. → kardinal) durch den realen Sternbilderkreis in der Ekliptik. Diese Bewegung kommt durch die Kreiselbewegung der Erdachse zustande, die in ca. 26000 Jahren eine Kreisumdrehung zurücklegt. Diese Dauer wird »platonisches Jahr« genannt. Teilt man diese Zeit durch zwölf, gemäß den 12 Sternbildern, dann dauert der Durchgang des Frühlingspunktes durch ein Sternbild durchschnittlich ca. 2100 Jahre. Davon abgeleitet ist die sog. Zeitalterlehre; sie ist in einigen astrologischen Kreisen umstritten, da nicht einsichtig gemacht werden kann, warum der Frühlingspunkt derjenige sein soll, der einem Zeitalter den Namen gibt.

Quadrant: Abschnitt zwischen zwei Horoskopachsen (s.→ Achse); es gibt vier Quadranten, die unterschiedliche Räumlichkeiten bezeichnen (s. → Haus):
Quadrant I liegt zwischen Aszendent und IC und bezeichnet den persönlichen Raum eines Menschen, seine Körperlichkeit und deren Erhaltung sowie sein »Revierverhalten«; Quadrant II, zwischen IC und Deszendent gelegen, betrifft das Private, das Erlebnis Teilen mit und Pflegen von anvertrauten Menschen; Quadrant III, zwischen Deszendent und MC, gilt als gemeinschaftlicher Bezirk, wo man sich selbst in Hinblick auf andere Menschen orientiert, sei es durch einen Partner und dessen Belange oder im Sinne eines kulturellen Engagements; mit dem IV.Quadranten wird das Gesellschaftliche angesprochen: Stelle und Rolle, die ein Mensch in einem anonymeren Sozialgefüge einnimmt, einem Staat, einem Interessenverband oder einer Allgemeinheit; dabei kann die Integration mehr oder weniger gut gelingen.

Quadrat: 90°-Winkel; dieser Aspekt (s.o.) wird oftmals als blockierend empfunden.

Quintil: 72°-Winkel, entsteht aus der Fünfteilung des Kreises (s. → Aspekt).

Radix: lat. = Wurzel; anderer Ausdruck für Geburtshoroskop oder Kosmogramm, wird auf die genaue Geburtszeit berechnet; die Planeten gelten als Kräfte, die Tierkreiszeichen bestimmen ihren Ausdruck, die Häuser beziehen die Planeten auf bestimmte Ausrichtungen im Umfeld, auf Interessensphären (vgl. auch Thomas Ring: »Astrologische Menschenkunde«. Er hat diese Begriffszuordnungen vorgeschlagen).

Rezeption: Stellung im gegenseitigen Domizil (s.o.), also wenn etwa der

Mond in einem Venuszeichen (Stier oder Waage) und Venus ihrerseits im Mondzeichen Krebs stehen.

Sekundär(-direktionen): Über den sogenannten Schlüssel »1Tag = 1 Jahr« werden die Konstellationen der ersten Tage und Monate nach der Geburt mit den entsprechenden Lebensjahren in Verbindung gebracht. Dabei vergleicht man beispielsweise für das 30. Lebensjahr die Konstellationen des 30. Tages nach der Geburt mit denen der Radix und zieht daraus Schlüsse auf das Befinden und Interesse eines Menschen. Die Berechnungen verlangen – wenn man den *wahren* astronomischen Tag zu Grunde legen will – genauere Kenntnisse, wie sie in dem Buch »Rhythmische Astrologie – Johannes Keplers Prognosemethode aus neuer Sicht« (Voltmer 1998) dargestellt sind. Kepler schlägt eine besondere Methode vor, bei der die Achsen-Direktionen als sog. Primärdirektionen angesehen werden können.

siderisch: auf die realen, am Himmel zu sehenden Sterne bezogen; der siderische Tierkreis oder Sternbilderkreis basiert auf den am Himmel sichtbaren Sternen in der Nähe der Ekliptik, die in den sog. zodiakalen Sternbildern zu Gestalten zusammengefasst sind (s.a. → Präzession). Es gibt Astrologen, vor allem im östlichen Raum, die sehr stark mit diesen arbeiten. Fixsterne werden auch in unserem Kulturraum häufig in die Deutung mit einbezogen. Zuweilen werden auch Horoskope auf Grundlage des siderischen Tierkreises gedeutet. Dabei bleibt allerdings bei der Häuserspitzen-, Achsen- oder Aszendentenberechnung die Breitenausdehnung eines Sternbildes unberücksichtigt. Es wird so verfahren, als handele es sich bei den Sternbildern um eine Kreisebene, mit der Schnittpunkte berechnet werden könnten. Es gibt bei dieser Praxis auch im anthroposophischen Umfeld (Robert Powell) weitere Spezifitäten, die z.T. theoretisch aufwendig begründet werden. In der Mundanastrologie, die keine individuellen Horoskope berechnet, stellt sich das Problem der Feststellung exakter Achsen nicht. Insofern kann man die Breitenausdehnung der Sternbilder als solche gelten lassen und die betreffenden Himmelsbezirke »wesenhaft« auffassen; dies spielt in der biologisch-dynamischen Landwirtschaft eine Rolle, sie arbeitet mit dem siderischen Tierkreis als Grundlage für Mond- und Planetenstellungen und orientiert daran z.B. Aussaat- und Erntezeiten.

solar: auf die Sonne bezogen; man kann den tropischen Tierkreis als eine »solare« Ebene bezeichnen, weil er von der jährlichen Sonnenbahn abgeleitet ist.

Solar(-horoskop): Jahreshoroskop, das auf den genauen Moment der Wiederkehr der Sonnenstellung bei der Geburt gestellt wird. Das Erd-

Sonne-Verhältnis der Geburt wiederholt sich jährlich einmal um die Zeit des Geburtstages. Der Mensch scheint sehr stark auf dieses wiederkehrende »Schwingungsmuster« zu resonieren; astrologisch wird daraus die Richtung und Charakterisierung seiner Lebenskraft in dem betreffenden Lebensjahr gedeutet.

Spannungsherrscher: beruht auf einer Lehre nach Meier-Parm, wonach der Planet, der im Kreis am weitesten von allen in einem Horoskop entfernt ist, besonders bedeutsam ist – wenn etwa in einem Quadranten (s.o.) nur ein Planet steht, oder wenn ein Planet allein den anderen gegenüber steht. Dieser Planet bildet dann einen Gegenpol zu einer andersartigen Schwerpunktsetzung im Horoskop, weshalb man bei ihm von einer größeren Spannung spricht. Diese Art Deutung hat sich vielfach bestätigt und ist sehr beliebt; der Urheber dieser Lehre ist jedoch fast vergessen.

Tierkreis: s. → Zodiakus

Transit: aktueller Übergang eines Planeten über einen Radix-Faktor. Dabei werden Planetenstellungen in ihren Aspekten zur Radix gedeutet; Stimmungen, Krisen, überhaupt sehr viele psychologische Vorgänge werden mit den Transiten in Zusammenhang gebracht. Transite stellen die bekannteste und beliebteste rhythmische Methode dar. Auch Rudolf Steiner hat die Zyklen der Planeten und ihre Wiederkehr zum eigenen Platz immer wieder erwähnt, so den 12-jährigen Jupiterzyklus oder den 18/19-jährigen Mondknotenrhythmus mit seinen Oppositionen nach je 9 Jahren u.a.

tropisch: vom griech. *tropein* = wenden abgeleitet; die Wendepunkte der Ekliptik (s.o.) betreffend; der tropische Tierkreis (s.a. → siderisch) gilt als Grundlage der abendländischen Astrologie. Er ist in Gebrauch seit der griechischen Zeit, in der man begann, individuelle Horoskope zu berechnen. Er ist definiert über die Wendepunkte (s.a. → kardinal) und insofern solar (s.o.) ausgerichtet. Viele Gründe sprechen dafür, ihn vor allem für die individuelle Astrologie zur Grundlage zu nehmen, die die Ich-Entfaltung eines Menschen ins Zentrum ihrer Deutung stellt.

variabel: Bewegungsform (s.v.) oder -qualität eines Tierkreiszeichens. Zum sog. variablen Kreuz gehören die quadratisch zueinander liegenden Zeichen Zwillinge, Jungfrau, Schütze, Fische, die jeweils unterschiedlichen Elementen (s. → Element) angehören.

Zodiak(us): griech. *zoé* = Leben oder *zoon* = Lebewesen, Tier; *diakei(mai)* = gestimmt, beschaffen sein, festgesetzt sein; Tierkreis, der Begriff wird für den siderischen (s.o.) wie auch tropischen (s.o.) Tierkreis verwendet. Die Wortbedeutung von »Tier« war im Ursprung weiter gefasst; etymologisch gesehen hatte »Tier« mit Leben und Seele zu tun, bedeutete »atmendes Wesen« (laut Duden). Es handelt sich beim Tierkreis oder dem Zodiakus um gestaltete, verschieden »gestimmte« Lebenskraft, die im Zodiakus in ihre »energetischen Facetten« aufgefaltet ist.

Literaturverzeichnis

Auf folgende Literatur wurde Bezug genommen:

Geminus: Introducción a los fenómenos, Madrid 1993

Hagemann, Ernst: Weltenäther – Elementarwesen – Naturreiche, Texte aus der Geisteswissenschaft Rudolf Steiners, 3. Aufl. Schaffhausen 1987

Hoffmeister, Max: Die übersinnliche Vorbereitung der Inkarnation, [1979] 2.Aufl. Basel 1992

Hover, Detlef/Voltmer, Ulrike (Hrsg.): Astrologie und Medizin, Mössingen 1999

Huber, Bruno: Astro-Glossarium – Das ABC der Astrologie, Band 1, Adliswil/Zürich 1995

Kepler, Johannes: Harmonices Mundi [Linz 1619] Welt-Harmonik, übersetzt und eingeleitet von Max Caspar, München 1967; Teile abgedruckt in: Zusammenklänge, Jena 1918

Koch, Walter: Aspektlehre nach Johannes Kepler, Bietigheim o.J.

Knappich, Wilhelm: [1966], Die Entwicklung der Horoskoptechnik im Altertum in: Qualität der Zeit, Publikation der ÖAG, Wien 1978

Manilius, Marcus: Astronomica – Astrologia, Stuttgart 1990

Maternus, Firmicus: Matheseos liber secundus; engl.: Mansfield 1995

Maier-Parm, genannt Parm: Spannungsherrscher und Schicksalstypus, Memmingen 1939

Neugebauer, O./Hoesen, H.B. van: Greek Horoscopes, Philadelphia 1959

Papke, Werner: Die geheime Botschaft des Gilgamesch, Augsburg 1994

Powell, Robert: Zu einer neuen Sternenweisheit – Einführung in die hermetische Astrologie, Schaffhausen 1993

Ptolemäus, Claudius: Tetrabiblios, nach der Ausgabe von Philipp Melanchton [1553] Berlin-Pankow 1923 und: Die vier Bücher, Den Haag. o.J.

Ring, Thomas: Astrologische Menschenkunde Band I – IV, Zürich 1956, 1969, 1973

– Astrologie ohne Aberglauben – Können wir unser Leben selbst gestalten oder ist es vorbestimmt? Düsseldorf/Wien 1972

Rosenberg, Alfons: Durchbruch zur Zukunft – Der Mensch im Wassermannzeitalter, Bietigheim 2. Auflage 1971

Schott, Paul Julius: Weltall und Menschenkörper, München–Planegg 1933

Steiner, Rudolf: Gesamtausgabe Bibl.-Nr.

– (GA) 4, Die Philosophie der Freiheit [Berlin 1894], Taschenbuchausgabe (TB 627) Dornach 1985

– GA 9, Theosophie – Einführung in die übersinnliche Welterkenntnis und Menschenbestimmung [Berlin 1904], TB 615 Dornach 1978

- GA 25, Kosmologie, Religion und Philosophie – 10 Auto-Referate zum Französischen Kurs am Goetheanum Dornach 6. – 15.9.1922, 3. Aufl. Dornach 1979
- GA 26, Anthropsophische Leitsätze – Der Erkenntnisweg der Anthroposophie [1924/25], Dornach 1982
- GA 207 und 208, Anthroposophie als Kosmosophie I und II, 11 Vorträge, Dornach 23.9.–16.10.1921 und 11 Vorträge, Dornach 21.10.–13.11.1921, 1. Auflage 1972
- GA 317, Heilpädagogischer Kurs; 12 Vorträge vom 25.6.–7.7.1924, 7. Auflage Dornach 1985
- GA 219, Das Verhältnis der Sternenwelt zum Menschen und des Menschen zur Sternenwelt – Die Geistige Kommunion der Menschheit, 12 Vorträge Dornach, 26.11. – 31.12.1922, Dornach 1984
- GA 226, Menschenwesen, Menschenschicksal und Weltentwicklung, 7 Vorträge, Oslo 16. – 21.5.1923, Dornach 1966
- GA 239, Esoterische Betrachtungen karmischer Zusammenhänge Band V, 16 Vorträge, 29.3. bis 15.6.1924, Dornach 1985
- GA 240, Esoterische Betrachtungen karmischer Zusammenhänge Band VI, daraus drei Vorträge, London, 24. –27.8.1924, Dornach 1936

Ungern–Sternberg, Olga von: Grundlagen kosmischen Ichbewusstseins – Die seelengestaltende Macht des Tierkreises im Heraklesmythos, Freiburg 1977

Voltmer, Ulrike: Gestaltastrologie – Die 12 Tierkreis–Prinzipien in der Natur [1989], 2. Aufl. Braunschweig 1992
- Lebendige Astrologie – Raum und Umwelt in den 12 Horoskop–Feldern, Braunschweig 1990
- Rhythmische Astrologie – Johannes Keplers Prognose-Methode aus neuer Sicht, CH–Neuhausen 1998

Waerden, B.L. van der: Die Astronomie der Griechen, Darmstadt 1988